Debora Karsch

4 Wege zu mehr Resilienz

„Die schwierigste Zeit in unserem Leben
ist die beste Gelegenheit,
um innere Stärke zu entwickeln."

Dalai Lama

4 Wege zu mehr Resilienz

Wie Sie innere Stärke entwickeln und Veränderungen meistern

Impressum
Autorin: Debora Karsch, Pfinztal
Projektteam: Jasmin Neumann, Mandy Schäfer, Remchingen
Lektorat: Eva Gößwein, Berlin
Korrektorat: Beate Fuchs, Frankfurt a. M.
Illustrationen: Kerstin Stäblein, Pforzheim
Buchdesign: Kerstin Stäblein, Pforzheim
Druck: Sigert GmbH, Braunschweig

Bildnachweise: S.110 AdobeStock ©XtravaganT, S.124 AdobeStock ©BublikHaus, S.142 AdobeStock © Rawpixel.com, S.152 AdobeStock ©gpointstudio, S.160 AdobeStock ©Volodymyr

1. Auflage, 2020

Zugunsten einer besseren Lesbarkeit und der Einfachheit halber haben wir uns in unseren Formulierungen grammatikalisch auf die männlichen Formen beschränkt, zum Beispiel „der" Partner. Selbstverständlich sind auch unsere Leserinnen in gleicher Weise mit angesprochen.

Inhaltsverzeichnis

„Einen Sturm übersteht

der Biegsame am besten."

Aus Japan

Vorwort

Mit innerer Stärke Veränderungen meistern

Wir sind mitten im Sturm. Während ich (Debora) diese Zeilen schreibe, befinden wir uns in der wohl größten Krise seit Jahrzehnten. Covid-19 hat Mitte März 2020 die Welt auf einen Schlag verändert. Soziale Distanz. Digitalisierungsbeschleunigung. Unsicherheit. Angst vor der Zukunft. Angst vor dem Tod. All das hätten wir uns noch zwei Wochen vorher nicht vorstellen können. Doch genauso ist es im Leben. Wir machen unsere Pläne und das Leben kommt doch so, wie es will. So müssen wir neben der Corona-Krise auch mit den kleinen und großen Herausforderungen des Alltags umgehen lernen.

Das Wort Resilienz fällt häufig im Zusammenhang mit Schicksalsschlägen oder Krisen. Etwa beim Verlust eines geliebten Menschen. Oder einer unerwarteten Trennung. Davor ist keiner gefeit. Erst kürzlich gab es in meinem Bekanntenkreis wieder so einen Fall. Die Frau, Mitte 40, vier kleine Kinder, kommt nach Hause. Der Mann steht mit gepackten Koffern da und teilt ihr mit, dass er jetzt zu seiner Freundin zieht. Da bricht eine Welt zusammen. Und ja, da ist Resilienz besonders wichtig. Doch sie macht auch im Alltag einen Unterschied. Bei ganz gewöhnlichen Herausforderungen wie negativem Feedback von Kollegen, finanziellen Ängsten,Gedanken und Sorgen über ein Gespräch, das am nächsten Tag ansteht, oder all den anderen Dinge,die Sie belasten.

Resilienz hat unterschiedliche Bedeutungen. Sie wird mit Anpassungsfähigkeit und Widerstandsfähigkeit im Leben beschrieben. Viel wesentlicher ist aber das Stichwort Elastizität. Wie ein Gummiband, das gedehnt wird und das trotz Belastung weder kaputtgeht noch ausleiert. Es geht wieder zurück in den „Normalzustand", bereit zu neuen Taten. Tatsächlich ist die Materialforschung auch der Ursprung des Wortes Resilienz. Worum geht es aber konkret?

Menschen, die resilient sind, können leichter mit Veränderungen umgehen. Sie können sich leichter „dehnen", eine Herausforderung bewältigen und dann weitermachen. Sie lassen sich nicht so schnell von den eigenen Emotionen blockieren. Sie haben ein stabiles soziales Netzwerk. Sie glauben daran, dass ihnen gute Dinge in Zukunft passieren werden und dass jedes Problem, das kommt, lösbar ist. Die eigenen Emotionen, das Verhalten, aber auch die Ressourcen spielen dabei eine wichtige Rolle.

Gerade in Zeiten tief greifender Veränderungen ist es für Unternehmen entscheidend, Mitarbeiter zu haben, die resilient sind. Menschen, denen es gelingt, sich in dieser Zeit zu dehnen, ohne sich zu überdehnen. Resilienz bedeutet nicht, dass Sie nie aus der Bahn geraten, sondern es bedeutet, dass Sie wieder zurückfinden.

Wenn Sie die vielen praktischen Hinweise in diesem Buch umsetzen, werden Sie Gestalter Ihres eigenen Lebens sein. Nutzen Sie dieses Buch als Quelle für Ihren ganz persönlichen Erfolg! Denn im Sturm geht es nicht darum, möglichst schnell unter den nächsten Regenschirm zu flüchten oder sich wegwehen zu lassen. Sondern durchzuhalten, mitzugehen und die Sonne am Horizont zu suchen.

Debora Karsch
(Geschäftsführer persolog GmbH)

Friedbert Gay

Die persolog GmbH unterstützt bereits seit 1990 Menschen bei ihrer persönlichen Weiterentwicklung mit pragmatischen und gleichzeitig wissenschaftlich fundierten Lerninstrumenten.

Los geht's mit Ihrer Entdeckungsreise

Stellen Sie sich vor, Sie verlieren nach Jahren überdurchschnittlichen Einsatzes aus heiterem Himmel Ihren Job und stehen vor dem Nichts. Oder Sie bekommen den langersehnten Nachwuchs, doch statt rosaroter Zeiten erleben Sie Niedergeschlagenheit. Oder Ihr Partner erkrankt schwer und von einem auf den anderen Tag ist nichts mehr, wie es einmal war.

All diese Beispiele haben eines gemeinsam: Sie sind mit einer großen Veränderung in Ihrem Leben konfrontiert. In so einer Situation brauchen Sie viel Energie und innere Stärke, um diese Veränderung erfolgreich zu meistern. Es müssen aber gar nicht die großen Wendepunkte im Leben sein. Immer dann, wenn etwas anders läuft, als wir es gewohnt sind, brauchen wir ein Mehr an Energie und Stärke. Manchmal sind es auch kleine Veränderungen, die uns fordern. Plötzlich ohne Kollegen im Homeoffice. Neue S-Bahn-Verbindung, die überhaupt nicht mit dem eigenen Alltag korrespondiert.

Dauerhaft negatives Feedback vom Vorgesetzten oder Stress in der Familie. Immer, wenn Sie solche kleinen Krisen erleben, aber auch, wenn eine große Veränderung ansteht oder Sie in der größten Krise Ihres Lebens sind, benötigen Sie eine Sache, um durchzukommen: Ihre Resilienz.

Resilienz – Was bedeutet das?

Das Leben gibt uns allen andere Karten: Wir werden in unterschiedliche Umstände hineingeboren. Wir wachsen unterschiedlich auf. Wir machen im Laufe unseres Lebens unterschiedliche Erfahrungen. Ob wir einen eher ruhigen Lebensweg vor uns haben oder einen stürmischen, liegt oft nicht in unserem Einflussbereich. Was unserem Einfluss unterliegt: wie wir die Karten spielen, die uns das Leben gibt. Wie wir Herausforderungen und Veränderungen begegnen. Und ob wir uns von Rückschlägen aus der Bahn werfen lassen oder sie langfristig zu unseren Gunsten nutzen. Letzteres ist ein Zeichen von Resilienz. Resilienz bedeutet nämlich nicht, dass Sie nie fallen, nie stolpern oder nie tief in den stürmischen Ozean stürzen. Sondern es geht darum, Schwierigkeiten als Herausforderungen und Chancen zu verstehen, an denen Sie wachsen können. Und so auf Dauer die Fähigkeit und Ausrüstung zu haben, egal wie tief Sie fallen, wieder an die Oberfläche zu schwimmen.

4 Wege zu mehr Resilienz

Es gibt nicht nur einen Weg, Ihre Resilienz zu steigern. Sie haben vier Startpunkte. Sie können sich für einen Weg entscheiden oder alle vier nacheinander gehen. Die Ausgangspunkte sind Akzeptieren, Fühlen, Orientieren und Verstehen.

Was Sie erleben werden

Wenn Sie sich mit den 4 Wegen zu mehr Resilienz beschäftigen, werden Sie zukünftige Herausforderungen als Chance sehen. Sie werden belastbarer und flexibler und steigern Ihre innere Stärke, wodurch Sie positive Veränderungen in Ihrem ganzen Sein wahrnehmen werden. Auf dem Weg zu mehr Resilienz-Kompetenz lernen Sie, durch bewusste Reflexion, Veränderungen und neue Gewohnheiten mit Schwierigkeiten und unvorhergesehenen Ereignissen gelassener umzugehen und flexibel auf sie zu reagieren. Doch es geht darüber hinaus: Sie werden mehr Wissen und Klarheit darüber gewinnen, wer Sie sind, wie Sie ticken und was Sie wirklich zufrieden macht.

Viel Spaß bei der Umsetzung!

Warum Resilienz so wichtig ist

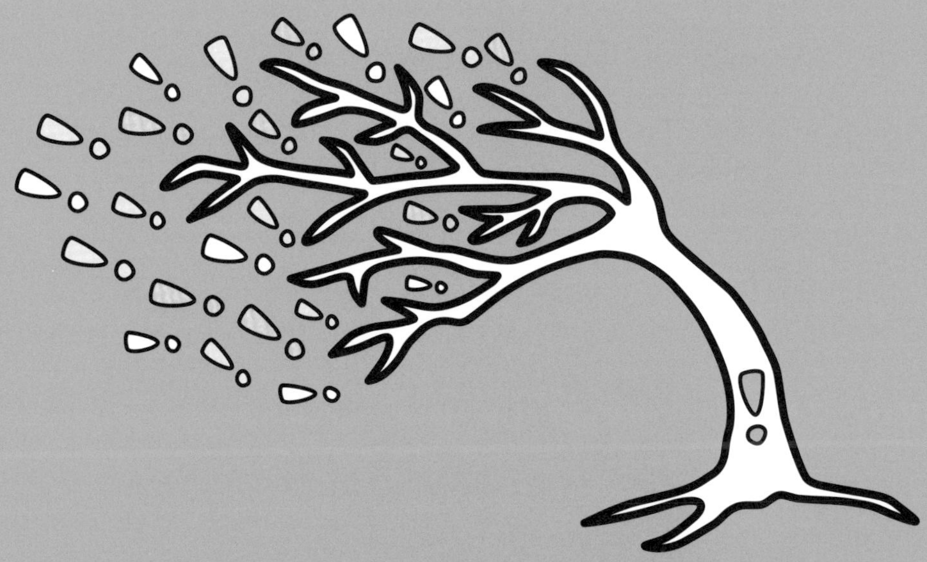

Warum Resilienz entscheidend für den Verlauf Ihres Lebens ist

Wir alle werden im Laufe unseres Lebens mit unterschiedlichen Herausforderungen und Problemen konfrontiert. Fast immer haben wir es selbst in der Hand, wie wir damit umgehen und wie wir die Situation meistern. Dabei macht Resilienz den Unterschied: Sie versetzt uns in die Lage, Anpassungen und Veränderungen in unserem Leben vorzunehmen, um Herausforderungen unterschiedlichster Art zu bewältigen.

Warum gehen manche Menschen gestärkt aus den schwersten Lebenskrisen hervor und andere kommen nie wieder aus ihrem Loch heraus? Warum gelingt es den einen, mit veränderten Bedingungen von außen umzugehen, während andere in Schockstarre verharren? Krisen im Leben entstehen ganz unterschiedlich, doch sie gehen alle in der Regel mit einer Veränderung einher. Die größten Veränderungen erleben wir zum Beispiel in der Pubertät oder wenn wir in die Rente gehen. Aber auch zwischendurch können wir vor Problemen und scheinbar unlösbaren Herausforderungen stehen. Wie also gelingt es den einen, herausfordernde Lebenslagen so gut zu meistern? Das, was sie von anderen unterscheidet, heißt: Resilienz. Menschen mit einer sehr hohen Resilienz-Kompetenz lassen sich selbst von sehr schwerwiegenden Schicksalsschlägen nicht aus der Bahn werfen. Im Gegenteil: Sie gehen oft sogar gestärkt aus diesen Situationen hervor.

Angeboren oder antrainiert? Beides stimmt!

Wie schaffen diese Menschen das? Sind sie einfach so geboren? Oder haben sie das gelernt? Tatsächlich trifft beides zu. Es gibt einige wenige Persönlichkeitseigenschaften, die angeboren sind, und andere, die sich schon in frühester Kindheit durch unsere Erziehung und Sozialisation ausbilden. Wie sich die Resilienz hier einordnen lässt, dazu gibt es in der Resilienzforschung unterschiedliche Auffassungen. Oft wird Resilienz als ein Zustand betrachtet, der aus verschiedenen Faktoren erwächst und einen erfolgreichen Umgang mit herausfordernden Situationen ermöglicht. In diesem Fall wäre die Persönlichkeit (Genetik und frühe Prägung) entscheidend für die Resilienz.

Um Resilienz zu trainieren, ist der Blick auf die Aspekte, die wir beeinflussen können – und das sind die meisten – der entscheidende. Der Fokus liegt also nicht darauf, ob man schon eine resiliente Person ist, sondern vielmehr darauf, was man unter

nimmt, um eine Krise zu bewältigen. Das heißt, es müssen mehrere Faktoren in den Blick genommen werden. So haben resiliente Menschen oft schon in der Kindheit ein resilientes Vorbild erlebt und hatten die Möglichkeit, von diesem Vorbild zu lernen, wie schwierige Situationen gemeistert werden können. Oftmals sind diese Vorbilder gleichzeitig auch zuverlässige Ansprechpartner in allen Lebenslagen. Jemand, der das Kind bedingungslos liebt, es unterstützt und an es glaubt. Das hat erwiesenermaßen äußerst positive Auswirkungen auf die Selbstwirksamkeit, also den Glauben an die eigenen Fähigkeiten, und auf die Resilienz. Darüber hinaus spielen auch persönliche Charaktereigenschaften und Grundhaltungen eine Rolle, die sich im Laufe des Lebens entwickelt und gefestigt haben. Umso mehr Situationen man in seinem Leben schon erfolgreich gemeistert hat, desto höher ist meistens die Resilienz-Kompetenz. Neben einem Mentor spielt auch ein stabiles und unterstützendes Umfeld eine wichtige Rolle beim Aufbau der persönlichen Resilienz-Kompetenzen.

Unbewusst, intuitiv oder reflektiert: Jeder ist auf eine gewisse Art resilient

Jeder von uns hat Resilienz-Kompetenzen. Zum Beispiel indem wir unbewusst gewisse Gewohnheiten pflegen oder uns intuitiv bestimmte Strategien zurechtlegen, die sich im Laufe der Zeit bewährt haben. Sie reagieren vielleicht immer gleich auf bestimmte Ereignisse und nutzen eigene Methoden, um mit schwierigen Situationen umzugehen. Unbewusst oder intuitiv. Besonders gefordert ist unsere Resilienz jedoch dann, wenn wir sie ganz bewusst einsetzen müssen, um Probleme zu lösen, Hindernisse zu überwinden, eine Veränderung zu meistern oder eine Krise zu überstehen.

Wer über sich und seine Resilienz-Kompetenz nachdenkt, löst damit in Beruf und Privatleben etwas aus. Dadurch verbessern sich

- Belastbarkeit und innere Stärke,
- Umgang mit Veränderungen, Hindernissen, Schwierigkeiten und Krisen im Leben,
- Einflussnahme nach außen sowie Selbstverantwortung und Selbstbewusstsein.

Resilienz ist in jeder Lebenslage lernbar

Voraussetzung dafür ist, dass Sie ehrlich, möglichst unvoreingenommen und transparent mit sich selbst umgehen. Es kommt darauf an, die Situationen zu reflektieren, die belastend und schwierig für Sie sind, und zu analysieren, was verändert werden kann.

Aktion: Auf in Richtung Resilienz! Was bedeutet für Sie innere Stärke?

Wir alle haben unterschiedliche Vorstellungen davon, was innere Stärke für uns bedeutet. Oder anders gesagt: Jeder von uns wünscht sich an anderen Stellen mehr innere Stärke. Was empfinden Sie als innere Stärke?

Anleitung: Machen Sie bei den folgenden 20 Sätzen maximal 5-mal ein Häkchen ☑ vor die Aussagen, die für Sie **am ehesten** innere Stärke beschreiben. Setzen Sie maximal 5-mal ein Kreuz ☒ vor die Aussagen, die Sie **am wenigsten** beschreiben.

Innere Stärke heißt für mich …

- ☐ Chancen, die ich nicht genutzt habe, nicht nachzutrauern.
- ☐ mich selbst so annehmen zu können, wie ich bin.
- ☐ Verantwortung für meine Fehler zu übernehmen.
- ☐ andere so zu stehenzulassen, wie sie sind.
- ☐ meinen Frieden mit der Vergangenheit zu schließen.

AKZEPTIEREN

- ☐ mich von meinen Gefühlen nicht runterziehen zu lassen.
- ☐ mich von Misserfolgen nicht entmutigen zu lassen.
- ☐ meine Emotionen so unter Kontrolle zu behalten, dass ich nicht ausflippe.
- ☐ mich selbst motivieren zu können, auch wenn es mir schlecht geht.
- ☐ nachzudenken, bevor ich rede.

FÜHLEN

- ☐ andere Menschen zu verstehen und mich in ihre Lage hineinversetzen zu können.
- ☐ mein eigenes Verhalten immer wieder auf den Prüfstand zu stellen.
- ☐ mich selbst zu verändern, wenn es notwendig wird.
- ☐ andere Menschen um Feedback zu meinem Verhalten zu bitten.
- ☐ in einer Gruppe Rücksicht auf andere und deren Gefühle zu nehmen.

VERSTEHEN

- ☐ um Hilfe zu bitten, wenn ich sie benötige.
- ☐ mir zu überlegen, wie ich ein Problem lösen kann, wenn ich in der Klemme stecke.
- ☐ zuzugeben, dass ich mit etwas allein überfordert bin.
- ☐ verschiedene Lösungsoptionen durchzudenken, wenn mein Plan A nicht funktioniert.
- ☐ ein starkes Netzwerk zu haben, das ich um Unterstützung bitten kann.

ORIENTIEREN

Haben Sie Schwerpunkte in einem der vier Felder festgestellt? Haben Sie die Markierungen bunt verteilt oder haben Sie alle Häkchen und alle Kreuze in ein bis zwei Feldern angebracht? Alle Kombinationen sind möglich, keine ist negativ oder positiv. Je mehr Kreuze Sie in einem Bereich vergeben haben, desto wichtiger ist Ihrem Empfinden nach innere Stärke in diesem Bereich.

Die nächsten Schritte auf dem Weg zu mehr Resilienz

Jeder Mensch wird im Laufe seines Lebens mit unterschiedlichen Aufgaben, Herausforderungen und Schicksalsschlägen konfrontiert. Viele Ereignisse können wir nicht steuern – wir können aber beeinflussen, wie wir in diesen Situationen denken und fühlen und wie wir auf sie reagieren. Häufig ändert sich unser Denken und Handeln bedingt durch Erfahrungen und oft variiert es auch je nach Lebensbereich und momentaner Lebenssituation. Eine hohe Resilienz-Kompetenz ist keine Garantie dafür, alle Hürden im Leben problemlos zu meistern, dennoch gilt: Je höher die Resilienz-Kompetenz, desto wahrscheinlicher gelingt es, auch schwierige Situationen zu bewältigen, und desto zufriedener sind Sie.

Die Resilienz-Kompetenz eines Menschen kann sich im Laufe seines Lebens immer wieder verändern. Insbesondere in stark herausfordernden Lebensphasen, in denen zum Beispiel eine Trennung oder der Tod eines nahestehenden Menschen verarbeitet werden muss, ist Resilienz gefragt. Doch genau durch solche Situationen kann die eigene Resilienz auch weiter zunehmen.

Menschen fällt es oft schwer, das Leben mit all seinen Facetten anzunehmen und auch in Krisen und turbulenten Lebensphasen positiv nach vorne zu schauen. Häufig haben sich destruktive Denkmuster gefestigt, weil man sich immer wieder darin bestätigt sieht, dass man etwas nicht kann oder dass alles schlecht läuft und man einfach Pech hat. Dann ist es schwierig, unveränderbare Situationen zu akzeptieren, sie als Lernchancen zu betrachten und optimistisch zu sein. Wenn Sie Veränderungen und Herausforderungen zukünftig mit Gelassenheit begegnen und resilient durchs Leben gehen wollen, gilt es, Ihre Gewohnheiten zu erkennen und aufzubrechen. Nur, wenn Sie von sich und Ihren Fähigkeiten überzeugt sind, das Leben annehmen, wie es ist, und achtsam mit sich und Ihren Emotionen umgehen, können Sie auch für unerwartete Situationen Lösungen finden.

Dieses Buch soll Ihnen dabei helfen. Wir unterstützen Sie, neue Gewohnheiten und konstruktive Denkmuster zu entwickeln. Wenn Ihnen das gelingt, wird Sie so schnell nichts mehr aus der Bahn werfen. Sie werden viele Dinge gelassener sehen und auf Unvorhergesehenes entspannter reagieren. Und genau darum geht es, wenn Sie Ihre Resilienz-Kompetenz verbessern möchten.

Wie sich Resilienz-Kompetenz erfassen lässt

Resilienz wurde erstmals in den 1950er-Jahren durch die amerikanische Entwicklungspsychologin Emmy E. Werner auf der hawaiianischen Insel Kauai erforscht (siehe auch Seite 161). Ausgangsfrage ihrer Forschung war, warum manche Kinder trotz schwieriger Lebensbedingungen gesund bleiben und keine psychischen Auffälligkeiten entwickeln, wohingegen andere, die in den gleichen Umständen aufwachsen, Verhaltensauffälligkeiten zeigen. Auf dieser Studie haben Hunderte aufgebaut. Weltweit gibt es heute Studien, die einen wesentlichen Aspekt unterstreichen:

Resilienz ist keine stabile Persönlichkeitseigenschaft oder ein Charaktermerkmal, sondern eine Fähigkeit, die entwickelt und trainiert werden kann.

Die Grundannahme dieses Buches lautet: Resilienz kann als Kompetenz aufgefasst werden, die von personalen Ressourcen beeinflusst wird und sich in Form von resilientem Verhalten zeigt. Die persolog GmbH hat ein Modell entwickelt, das auf vier Hauptsäulen beruht, den 4 Wegen zu mehr Resilienz.

Das Modell beschreibt vier grundlegende Dimensionen, die Einfluss auf die Resilienz eines Menschen haben, allerdings in unterschiedlicher Ausprägung. Hieraus ergeben sich die vier Quadranten:

Basierend auf diesem theoretischen Grundgerüst wurden das persolog® Resilienz-Modell und Resilienz-Profil sowie die 4 Wege zu mehr Resilienz entwickelt.

Wie sich resilientes Verhalten entwickelt

Tag für Tag meistern wir Herausforderungen. Mal sind wir stolz auf uns und mal sind wir kurz vorm Verzweifeln. Mal sind wir zufrieden und ein anderes Mal betrübt. Immer wieder müssen wir auch Dinge tun, die uns schwerfallen. Wir müssen Hindernisse überwinden, für die wir uns nicht gewappnet fühlen. Wir müssen Situationen meistern, von denen wir nie gedacht hätten, dass sie überhaupt eintreten oder uns jemals betreffen könnten. Dabei werden wir Erfolge haben, die wir uns nicht erträumen konnten, und Niederlagen, die man keinem wünscht. War Ihnen bewusst, dass in all diesen Situationen Ihre Resilienz entscheidend ist?

Wie können Sie erkennen, dass jemand resilient ist bzw. sich resilient verhält? Zwei Beispiele: Resilientes Verhalten äußert sich einerseits darin, dass jemand es schafft, gut mit den eigenen Emotionen umzugehen und auch negative Emotionen wie Enttäuschung, Wut, Angst oder Ärger zu bewältigen. Außerdem äußert sich Resilienz in herausfordernden Situationen darin, dass ein Mensch in der Lage ist, sein eigenes Verhalten anzupassen.

Wir leben in einer komplexen Welt. In einem Zeitalter immer schneller werdender Veränderungen. Wirtschaftliche, gesellschaftliche und technologische Trends werden weniger berechenbar und dem Einzelnen wird immer mehr abverlangt. Immer mehr Menschen fühlen sich von den zunehmenden Anforderungen, die das Berufs- und Privatleben an sie stellt, überlastet. Das zeigt auch die stetig wachsende Zahl von Fehltagen und Berufsunfähigkeiten aufgrund psychischer Erkrankungen. Viele träumen davon, dem Alltag zu entfliehen, und wünschen sich mehr Stabilität. In einer Welt, in der nichts sicher scheint, sind innere Stärke, Belastbarkeit und Flexibilität wichtige Ressourcen, um sich den Veränderungen erfolgreich anpassen zu können.

Resilienz trägt dazu bei, belastbarer zu sein und diese Veränderungen zu meistern. Resilienz ist kein isoliertes Phänomen, sondern geht in zahlreiche andere Disziplinen über. Persönlichkeitsentwicklung, Stress-Kompetenz, Selbstführungs-Kompetenz und Zeit-Kompetenz sind nur einige verwandte Themen. Oft steigern Sie mit dem Training dieser Kompetenzen auch Ihre Resilienz. Sie können die Resilienz aber auch ganz gezielt trainieren. Wie Sie das tun und wie Sie auf diese Weise resilientes Verhalten entwickeln, darum geht es in diesem Buch.

Das persolog® Resilienz-Modell

Mit dem persolog® Resilienz-Modell wird Resilienz-Kompetenz sichtbar gemacht. Es basiert auf dem theoretischen Konstrukt, das die vier Dimensionen Akzeptieren, Fühlen, Orientieren und Verstehen miteinander verbindet. Das persolog® Resilienz-Modell ist wissenschaftlich fundiert und wird kontinuierlich weiterentwickelt. Seine theoretische Basis besteht aus wissenschaftlichen Studien und Fachpublikationen aus unterschiedlichen Disziplinen sowie aktuellen Erkenntnissen aus der Resilienzforschung. In einer empirischen Studie der persolog GmbH konnten zehn Faktoren erfasst werden, welche die Resilienz eines Menschen beeinflussen. Das Modell ermöglicht Ihnen, Ihre eigene Resilienz-Kompetenz zu erkennen und zu steigern.

Es werden drei Kompetenz-Niveaus unterschieden: Niedrig Mittel Hoch

Egal, bei welchem Kompetenz-Niveau Sie aktuell stehen …
… Sie lernen ganz konkrete Schritte kennen, wie Sie Ihre Kompetenz steigern können. Sie werden erleben, was es bedeutet, wenn Sie das, was das Leben Ihnen bietet, wirklich akzeptieren. Sie werden lernen, wie Sie plötzlich mit Leichtigkeit aus einem emotionalen Tief kommen, wie Sie in schwierigen Lagen Orientierung finden, die vorher kilometerweit weg schien, und wie Sie Ihre Reflexionsfähigkeit nutzen, um resilienter zu werden.

Die 4 Wege zu mehr Resilienz sind der Schlüssel, um innere Stärke zu entwickeln

**Die 4 Wege zu mehr Resilienz:
Akzeptieren – Fühlen – Orientieren – Verstehen**

Akzeptieren – Nehmen Sie sich selbst und das Leben an?
Bei diesem Weg geht es darum, ob Sie in der Lage sind, die Karten, die das Leben Ihnen gibt, zu akzeptieren. Einerseits geht es dabei um Sie selbst. Können Sie sich selbst so annehmen, wie Sie sind? Andererseits gehört es auch zu diesem Weg, die Umstände, vertane Chancen oder Schwierigkeiten anzunehmen und bestmöglich mit diesen Karten zu spielen. Das bedeutet auch, dass Sie die Verantwortung für Ihr eigenes Leben übernehmen und die Schuld nicht bei anderen suchen.

Fühlen – Gehen Sie mit Ihren Emotionen achtsam um?
Bei diesem Weg geht es darum, die eigenen Emotionen wahrzunehmen und achtsam mit ihnen umzugehen. Innere Blockaden werden durch den bewussten Umgang mit den eigenen Reaktionen auf das, was emotional in Ihnen vorgeht, aufgelöst. Besonders in Krisen ist es entscheidend, sich nicht von Emotionen blockieren zu lassen. Das bedeutet auch, nicht jedem Impuls sofort nachzugeben, sondern in der Lage zu sein, Automatismen zu durchbrechen, um so das eigene Verhalten und Fühlen zu verändern.

Orientieren – Gelingt es Ihnen, Orientierung und Unterstützung zu finden?
Bei diesem Weg geht es darum, in schwierigen Zeiten nach Orientierung zu suchen und diese auch zu finden. Das bedeutet, bewusst nach anderen Lösungen zu suchen, statt stur an einem alten Plan festzuhalten, der nicht mehr realisierbar ist. Es bedeutet auch, Unterstützung im sozialen Umfeld zu finden und diese anzunehmen.

Verstehen – Reflektieren Sie sich selbst und hinterfragen Ihre Situationen?
Bei diesem Weg geht es darum, Automatismen zu erkennen und zu durchbrechen. Das gelingt einerseits über das Reflektieren der eigenen Person und des eigenen Verhaltens. Andererseits gelingt es über Empathie gegenüber dem Umfeld. Durch das Verständnis des eigenen Verhaltens und der Gefühls- und Gedankenwelt anderer können Sie komplexe Zusammenhänge nachvollziehen und erkennen, wie manche schwierige Situation überhaupt zustande kommen konnte. Nur durch diese Analyse können Sie diese in Zukunft verhindern.

Wo stehen Sie?

Aktion: Wie sieht Ihre Resilienz-Kompetenz aus?

Entscheidend dafür, Ihre Resilienz in Zukunft zu steigern, ist die Frage: Wo stehen Sie gerade? Durch mehr innere Transparenz schaffen Sie die Grundlage, effektiver mit sich selbst umzugehen. Genau darum geht es in der folgenden Selbsteinschätzung.

Anleitung: So füllen Sie den Fragebogen aus:

- **Nehmen Sie eine beliebige Geldmünze zur Hand.** Wichtig: Legen Sie alle Stifte weg – Sie brauchen nur eine Münze, um den Fragebogen auszufüllen.
- Versetzen Sie sich gedanklich in Ihre momentane Lebenssituation hinein.
- Schritt 1: **Rubbeln Sie mit der Münze ein Feld auf der sechsstufigen Skala von „trifft gar nicht auf mich zu" bis „trifft voll und ganz auf mich zu" frei.** Hinweis: Entscheiden Sie sich möglichst spontan für ein Feld im blauen Bereich und rubbeln Sie dann mit der Münze über das Feld. Es wird eine Zahl erscheinen.
- Schritt 2: **Wenn Sie alle 20 Fragen beantwortet haben:** Rubbeln Sie jetzt die gelben Felder frei. Hier erscheint ein Buchstabe: A, F, O oder V.

So werten Sie Ihr Ergebnis aus

Nachdem Sie alle 20 Fragen beantwortet und die zugehörige Dimension freigerubbelt haben, füllen Sie jetzt die Auswertungsbox aus.

- In den gelben Feldern „Dimension" finden Sie jeweils einen der vier Buchstaben aus der Auswertungsbox. Übertragen Sie die Punkte aus den blauen Feldern in die Auswertungsbox. Pro Buchstabe gibt es fünf Zahlen, die Sie eintragen (siehe Beispiel).
- Berechnen Sie dann die Gesamtsummen pro Buchstabe bzw. Dimension sowie die Gesamtpunktzahl aller vier Dimensionen (siehe Beispiel).

Beispiel:

Auswertungsbox			
A	2 + 4 + 0 + 2 + 1	F	6 + 6 + 5 + 5 + 5
V	5 + 4 + 6 + 3 + 4	O	4 + 3 + 6 + 5 + 6

Summenbox			
A	9	F	27
V	22	O	24

Mein Ergebnis:

Auswertungsbox			
A	__ + __ + __ + __ + __	F	__ + __ + __ + __ + __
V	__ + __ + __ + __ + __	O	__ + __ + __ + __ + __

Summenbox			
A		F	
V		O	

Füllen Sie den Fragebogen aus und tragen Sie Ihre Zahlen in die Auswertungsbox ein.

Schritt 2: nochmal freirubbeln

Schritt 1: freirubbeln mit einer Münze

		trifft gar nicht auf mich zu				trifft voll und ganz auf mich zu	Dimension
1	Ich lasse mich durch Misserfolge schnell entmutigen.						
2	Ich lerne gerne neue Menschen kennen.						
3	Dinge, die ich nicht mehr ändern kann, nehme ich so hin, wie sie sind.						
4	Ich nehme mein Leben selbst in die Hand.						
5	Ich erkenne schnell, wenn sich jemand in einer Gruppe nicht wohlfühlt.						
6	Ich bin überzeugt von meinen Fähigkeiten.						
7	Auf Feiern lerne ich mindestens eine neue Person kennen.						
8	Wenn mein Verhalten nicht Zielführend ist, reflektiere ich mich selbst.						
9	Ich denke, dass immer alles irgendwie gut wird.						
10	Ich lasse mich von negativen Ereignissen herunterziehen.						
11	Ich kann Stimmungswechsel bei anderen Menschen gut erkennen.						
12	Es fällt mir schwer, selbstständig Entscheidungen zu treffen.						
13	Ich habe ein großes Netzwerk.						
14	Ich versuche ständig, mehr über mich selbst herauszufinden.						
15	Ich nehme die Dinge an, wie sie sind.						
16	Ich bin meinen Emotionen hilflos ausgeliefert.						
17	Ich kenne viele Menschen.						
18	Es ist mir wichtig, mein eigenes Verhalten zu hinterfragen.						
19	Wenn ich Angst vor einer Entscheidung habe, lasse ich mich von dieser Angst blockieren.						
20	Auch wenn es mir nicht immer leichtfällt, akzeptiere ich das Leben, wie es ist.						

So erstellen Sie Ihr Resilienz-Diagramm

Die Summe Ihrer Punkte je Buchstabe übertragen Sie im nächsten Schritt in das Resilienz-Diagramm auf Seite 25 (siehe Beispiel unten).

Der Buchstabe mit der höchsten Punktzahl repräsentiert im Diagramm den Kompetenzbereich der Resilienz (im Beispiel: Fühlen), in dem Ihre Fähigkeiten am stärksten ausgeprägt sind. Der Buchstabe mit der niedrigsten Ausprägung entspricht dem Bereich, in dem Ihre Resilienz-Kompetenz am niedrigsten ausgeprägt ist (im Beispiel: Akzeptieren).

Jeder Mensch ist einzigartig. Vergleichen Sie Ihre Ergebnisse nicht mit denen anderer mit dem Ziel, sich selbst als besser oder schlechter einzuordnen. Jemand, der in Ihrer Wahrnehmung eine geringere Resilienz-Kompetenz als Sie selbst hat, kann „bessere" Ergebnisse haben, weil Sie sich vielleicht in der Selbsteinschätzung etwas kritischer bewertet haben. Es kommt nicht nur auf die Ausprägung an sich an, sondern auch darauf, wie die vier Punkte zueinander in Relation stehen. Welcher der 4 Wege zu mehr Resilienz ist Ihre Stärke? Welcher hat am meisten Potenzial? Woran wollen Sie arbeiten?

Beispiel:
So erstellen Sie Ihr Resilienz-Diagramm. Übertragen Sie Ihre Punkte aus der Summenbox von Seite 22 in das Diagramm auf Seite 25.

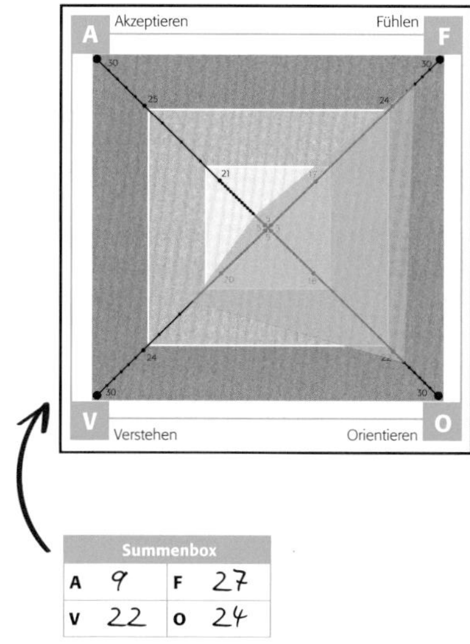

niedrig
mittel
hoch

Wie sieht Ihre Selbsteinschätzung aus?

Übertragen Sie nun die Punktwerte für A, F, O und V in das Resilienz-Diagramm und verbinden Sie die vier Punkte auf den Diagonalen. Wenn Sie „Ihre" Flächen in den einzelnen Quadranten mit verschiedenfarbigen Textmarkern ausmalen, werden Ihre persönlichen Tendenzen deutlich.

Auswertung: Meine Resilienz-Kompetenz

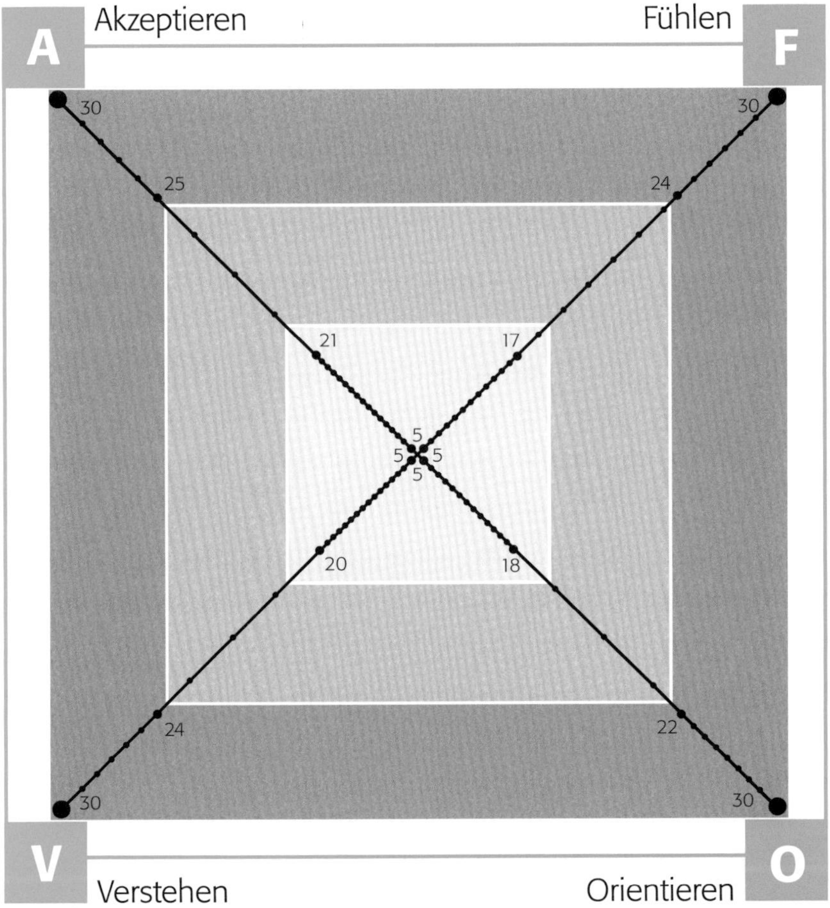

Wie Sie Ihr Ergebnis interpretieren können

Das ganzheitliche Resilienz-Modell beschreibt Ihre Resilienz-Kompetenz, die immer eine Kombination aller vier Dimensionen ist. Akzeptieren, Fühlen, Orientieren und Verstehen bestimmen gemeinsam darüber, wie Ihre Resilienz sich im Alltag zeigt.

Jeder Mensch nutzt generell bewusst oder intuitiv alle 4 Resilienz-Wege

Wir neigen jedoch dazu, je nach beruflichem oder privatem Umfeld einer oder mehreren dieser Dimensionen mehr Aufmerksamkeit zu widmen als anderen. Die Kompetenzen, die in Ihrem Diagramm ausgeprägter (dunkler) sind, gebrauchen Sie öfter. Sie deuten auf Ihre Stärken in der Resilienz. Das „beste" Profil gibt es nicht. Alle Wege können mehr oder weniger effektiv sein. Ziel ist es, dass Sie in allen vier Dimensionen auf Ihre inneren Ressourcen zurückgreifen und durch verschiedene Techniken und Methoden Ihre Kompetenzen stärken und weiter ausbauen können.

Was genau steckt hinter den 4 Wegen?

Das zeigen wir Ihnen auf den nächsten Seiten. Zunächst geht es darum, was die 4 Wege überhaupt ausmacht. Dann erhalten Sie ganz konkrete Strategien, um Ihre persönliche Resilienz zu verbessern.

Übrigens: Wie Sie im Resilienz-Diagramm sehen, ist nicht die höchste Punktzahl ausschlaggebend, sondern der äußerste Punkt auf der Achse. Der Grund für die unterschiedlichen Ausprägungen liegt in der statistischen Berechnung, der sogenannten Normierung bei der wissenschaftlichen Untersuchung.

Zum Thema „Schubladendenken"

Manchmal haben wir Vorbehalte, menschliche Fähigkeiten zu typisieren oder zu verallgemeinern. Und das ist auch gut so, denn jeder Mensch hat einzigartige Fähigkeiten und Talente. Ebenso gibt es jedoch auch Gemeinsamkeiten und Ähnlichkeiten, und dies trifft auch auf unsere Resilienz zu. In unserem Modellansatz gibt es allgemeine Dimensionen, deren Ausprägungen jedoch individuell variieren und von Person zu Person unterschiedlich sein können.

A

AKZEPTIEREN

Sich selbst und das Leben annehmen

Das eigene Leben, so wie es ist, akzeptieren, indem Sie vergangenen Chancen nicht nachtrauern, an sich selbst und Ihre Fähigkeiten glauben und Verantwortung für Ihr Handeln übernehmen.

- Unveränderliche Teile des Lebens akzeptieren und mit Offenheit annehmen
- An die eigene Kompetenz glauben und dafür zu sorgen, dass diese durch die Bewältigung von Herausforderungen steigt
- Die Verantwortung für Versäumnisse oder Fehler bei sich selbst zu suchen, ohne sich dabei kleinzumachen

F

Fühlen

Mit Emotionen achtsam umgehen

Das eigene Gefühlsleben bewusst wahrnehmen und beeinflussen, indem Sie die Kraft positiver Emotionen nutzen und Impulse unter Kontrolle halten.

- Die eigenen Emotionen bewusst wahrnehmen, die Möglichkeiten der eigenen Kontrolle über Emotionen verstehen
- Klarheit über die eigenen Gefühle und Impulse haben
- Situationen neu bewerten, die plötzlichen Ärger, Ängste oder Zweifel auslösen

V

Verstehen

Verhalten reflektieren und Situationen hinterfragen

Komplexe Zusammenhänge im Leben verstehen, indem Sie das eigene Verhalten bewusst unter die Lupe nehmen, sich in die Denkweisen und Gefühle anderer hineinversetzen und Situationen hinterfragen.

- Die Beobachtung des Verhaltens schärfen, eigene Verhaltensroutinen hinterfragen, sie durch neues Verhalten ersetzen und so wirksame Veränderungen im Verhalten umsetzen
- Sich in die Gedanken- und Gefühlswelt anderer hineinversetzen
- Die Hintergründe und das Zustandekommen von Ereignissen und Situationen analysieren

O

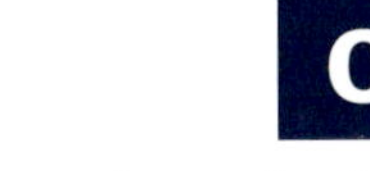

ORIENTIEREN

Orientierung und Unterstützung finden

Die Beobachtung des Verhaltens sowie der Gedanken- und Gefühlswelt anderer schärfen, mit dem Ziel, herausfordernde Situationen und Schwierigkeiten anders betrachten zu können.

- Sich bewusst mit dem eigenen Handeln und Umfeld beschäftigen
- Blinde Flecken minimieren und sich bewusst mit negativen Konsequenzen des eigenen Verhaltens auseinandersetzen
- Sich in andere Menschen hineinversetzen und ihre Sorgen, Gedanken oder ihr Handeln besser verstehen

Akzeptieren – Nehmen Sie sich selbst und das Leben an

Sich selbst zu akzeptieren und das eigene Leben so anzunehmen, wie es ist – das ist der erste Weg zu mehr Resilienz.

Sind Sie in der Lage, das was Ihnen passiert anzunehmen oder kämpfen Sie mit dem was hätte sein können. Wenn Menschen schlimme Dinge passieren, fallen häufig Sätze wie „Wenn ich doch X gemacht hätte …" oder „Wäre ich doch da gewesen …". Wenn Sie die Formulierungen anschauen, sehen Sie: Es sind Konjunktive. Wäre, sollte, könnte, hätte … doch wie man es dreht und wendet: Das Leben ist kein Konjunktiv. Akzeptanz ist das Gegenteil von Konjunktiv. Das IST anzunehmen.

Das hat auch viel mit der eigenen Einstellung gegenüber nicht genutzten Chancen, verpassten Gelegenheiten oder veränderten Situationen zu tun. Will ich überhaupt akzeptieren, was ist. Oder bin ich gar nicht bereit dazu und trauere lieber den anderen Dingen nach?

Ziele

- Frieden schließen mit sich und der eigenen Vergangenheit als unveränderlicher Teil des Lebens.
- An die eigene Wirksamkeit in der Welt glauben, das heißt daran, dass sich durch das eigene Tun und die eigene Kompetenz in der Welt etwas verändert.
- Verantwortung übernehmen für das eigene Denken, Fühlen und Handeln.

Gefahren

Es geht beim Akzeptieren nicht darum, zu sagen: „Na gut, dann ist das halt so", und damit vorschnell Ziele aufzugeben, weil zum Beispiel Hindernisse in den Weg kommen. Vielmehr geht es darum, in voller Verantwortung für sich selbst das Beste aus dem Leben zu machen.

Quick-Tipps zur persönlichen Entwicklung

- Schreiben Sie sich die Themen auf eine Liste, die Sie gedanklich immer wieder in die Vergangenheit bringen. Entscheiden Sie bewusst, diese zu akzeptieren. Doch wie? Zum Beispiel mithilfe der Methoden auf Seite 54.
- Erhöhen Sie die eigene Selbstwirksamkeit durch Sätze wie: „Wenn ich das schon einmal geschafft habe, werde ich es auch dieses Mal schaffen." (Siehe auch Seite 60.) Suchen Sie nach anderen Menschen, die bereit sind, Sie in Ihrem Glauben an Ihre Fähigkeiten zu bestärken. Menschen, die Ihnen sagen: „Du kannst es schaffen."
- Entscheiden Sie sich dafür, ab sofort volle Verantwortung für Ihr Leben zu übernehmen. Das bedeutet auch, die Schuld für Fehler nicht anderen zuzuschieben, sondern zu überlegen: Was können Sie verändern?

Sieben „typische" Gedanken von Menschen mit hoher Akzeptieren-Kompetenz

- Ich weiß, dass ich nicht perfekt bin, und akzeptiere mich trotzdem.
- Verpasste Chancen lasse ich in der Vergangenheit.
- Ich glaube an mich selbst und meine Fähigkeiten.
- Misserfolge sind Lernchancen.
- Ich stehe zu mir selbst, meinen (Fehl-)Entscheidungen und deren Konsequenzen.
- Ich lasse mich nicht so einfach vom Weg abbringen.
- Ich akzeptiere meine Vergangenheit als unveränderlichen Teil meines Lebens.

Real Life Stories

„Vor einigen Jahren ist meine Mutter an Krebs gestorben. Seitdem hadere ich damit. Denn für mich ist es einfach nicht fair, dass sie so früh aus dem Leben geholt wurde. Sie war meine engste Bezugsperson, diejenige, auf die ich mich immer verlassen konnte. Ich bin in ein richtiges Loch gefallen. Keiner konnte verstehen, warum ich mich einfach nicht mehr besser fühle. Alle haben mir gesagt „Es ist schrecklich, aber so ist es. Du wirst lernen, es zu akzeptieren." Doch leider ist mir das lange nicht gelungen. Das hatte Auswirkungen auf mein ganzes Leben. Ich fühle mich ständig wie am Boden."

Maja, selbstständige Wedding-Plannerin

Wo stehen Sie aktuell beim Thema Akzeptieren?

Prüfen Sie Ihr Resilienz-Diagramm (Seite 25). In welchem der drei Kompetenz-Niveaus liegen Sie aktuell? Lesen Sie die Beschreibungen durch: Inwieweit finden Sie sich wieder? Prüfen Sie danach: Welche Methoden und Techniken können Ihnen helfen?

Kompetenz-Niveau	☐ niedrig	☐ mittel	☐ hoch
Haken Sie ab, was auf SIE zutrifft	Im Resilienz-Bereich **Akzeptieren** haben Sie ein großes Entwicklungspotenzial. Ihr Ergebnis deutet darauf hin, dass es Ihnen schwerfällt, Dinge zu akzeptieren, die Sie nicht mehr ändern können. Vermutlich ist es für Sie nicht leicht, an Ihre Fähigkeiten zu glauben und Verantwortung für Ihr Handeln zu übernehmen. Sie kommen ins Straucheln, wenn es darum geht, selbstständig Entscheidungen zu treffen. Sie packen Ihre Ziele an, aber lassen sich dann von Hindernissen und Selbstzweifeln vom Weg abbringen. Wenn Sie etwas geschafft haben, hat das für Sie einen niedrigen Stellenwert, und Sie tendieren dazu, Ihre Erfolge als zufällig anzusehen, wohingegen Sie Misserfolgen zu viel Bedeutung geben.	Ihre Fähigkeiten im Resilienz-Bereich **Akzeptieren** sind durchschnittlich ausgeprägt. Ihnen ist bewusst, dass es Dinge gibt, auf die Sie keinen Einfluss nehmen können und die Sie deshalb einfach akzeptieren müssen. Manchmal fällt es Ihnen trotzdem schwer, zu dieser Einsicht zu kommen. In der Regel treffen Sie Ihre Entscheidungen selbstständig und sind davon überzeugt, dass Sie Ihre Vorhaben aus eigener Kraft in die Realität umsetzen können. Eigentlich wissen Sie, was Sie können, aber hin und wieder zweifeln Sie an sich. Es kommt deshalb auch immer wieder vor, dass Sie die Schuld für Ihre Situation bei anderen suchen und sich für Ihr Handeln nicht oder nur teilweise verantwortlich fühlen.	Sie haben ein überdurchschnittliches Ergebnis im Resilienz-Bereich **Akzeptieren**. Sie wissen, wie Sie die Karten, die Ihnen das Leben gibt, spielen können, und Ihnen gelingt es dabei auch, Dinge zu akzeptieren, die Sie nicht verändern können. Einerseits geht es dabei um Sie selbst, dass Sie sich selbst so annehmen, wie Sie sind, einschließlich Ihrer Fähigkeiten. Andererseits geht es aber auch darum, schwierige Umstände, vertane Chancen oder Herausforderungen anzunehmen und das Beste aus der Situation zu machen. Sie stehen mit beiden Beinen im Leben und übernehmen die Verantwortung für Ihr Handeln und Ihre Entscheidungen. Die Schuld für Ihre Probleme oder schwierige Situationen suchen Sie nicht bei anderen.

Was ist Ihnen bewusst geworden?

Was wünschen Sie sich in Ihrem Leben anders?

Wie Sie Ihre Kompetenz erhöhen können

Entscheiden Sie sich bewusst dafür, Dinge zu akzeptieren, die Sie nicht verändern können. Das ist der erste Schritt für jegliche Kompetenz-Erhöhung. Wenn Sie sich in der Opferrolle wohlfühlen, zum Beispiel, weil Sie so die Aufmerksamkeit bekommen, die Sie sich so sehr wünschen, kann das schwierig werden. Glauben Sie an sich selbst und Ihre Fähigkeit, etwas in der Welt zu verändern, und tun Sie das auch. Diese Resilienz-Faktoren helfen Ihnen dabei:

- Akzeptanz (Seite 50)
- Selbstwirksamkeitserwartung (Seite 56)
- Verantwortung (Seite 62)

Fühlen – Gehen Sie mit Ihren Gefühlen achtsam um

Die eigenen Gefühle bewusst wahrzunehmen und achtsam damit umzugehen – das ist der zweite Weg zu mehr Resilienz.

In diesem Bereich geht es darum, die eigenen Emotionen im ersten Schritt wahrzunehmen und im zweiten Schritt achtsam mit ihnen umzugehen. Emotionen gehören immer dazu – ob wir das bewusst wollen oder nicht. Wir können nicht verändern, was wir in schwierigen oder guten Momenten fühlen. Doch wir können unsere Reaktionen auf bestimmte Gefühle beeinflussen. Es geht darum, innere Blockaden durch den bewussten Umgang mit den eigenen Reaktionen auf das, was emotional in Ihnen vorgeht, zu lösen. Besonders in Krisen und Herausforderungen ist es entscheidend, sich nicht von Emotionen blockieren zu lassen, sondern sie wahrzunehmen und dann ins Positive zu verändern. Das bedeutet auch, nicht jedem Impuls sofort nachzugeben, sondern in der Lage zu sein, Automatismen zu durchbrechen, um so das eigene Verhalten und Fühlen zu verändern.

Ziele

- Emotionale Blockaden und Muster erkennen.
- Den Einfluss des eigenen Körpers auf die Emotionen wahrnehmen und die eigenen Reaktionen regulieren.
- Automatische Impulsreaktionen erkennen und destruktive Muster verändern.

Gefahren

Die eigenen Emotionen möglichst umfassend regulieren zu wollen, ist nicht automatisch Erfolg versprechend. Es geht weder darum, die eigenen Emotionen einfach herauszulassen (Unterregulierung), noch darum, jede spontan aufkommende Emotion zu interpretieren und zu kontrollieren (Überregulierung).

Quick-Tipps zur persönlichen Entwicklung

- Nehmen Sie Ihre Gefühle ernst. Wenn Sie merken, dass Sie sich unwohl fühlen, Angst oder Sorgen haben, gereizt oder eifersüchtig sind, dann versuchen Sie, diese Emotionen konkret zu beschreiben. So lernen Sie mit der Zeit, ob positive oder negative Gefühle bei Ihnen vorherrschen und welche Emotionen Ihnen im Weg stehen.
- Schreiben Sie sich Situationen auf, in denen Sie zu schnell handeln, reden oder sonstige impulsive Reaktionen zeigen. Das kann zum Beispiel auch sein, dass Sie unter Stress automatisch zu Süßigkeiten greifen, ohne dass Sie es verhindern können. Erst wenn Sie die schwierigen Situationen kennen, können Sie an ihnen arbeiten.
- Arbeiten Sie an Ihrer Körperhaltung, wenn Sie merken, dass negative Emotionen wie Angst oder Sorge aufkommen. Stellen Sie sich offen und aufrecht hin, nehmen Sie die Schultern zurück und lächeln Sie. In einer solchen Körperhaltung ist es schwer, sich niedergeschlagen zu fühlen.

Sieben „typische" Gedanken von Menschen mit hoher Fühlen-Kompetenz

- Ich lasse meine Gefühle zu.
- Ich führe positive Selbstgespräche.
- Ich kann mich selbst motivieren.
- Ich behalte auch in schwierigen Situationen einen kühlen Kopf.
- Nach einer Niederlage oder Enttäuschung rappel ich mich schnell wieder auf.
- Auch in aufreibenden Situationen fahre ich nicht schnell aus der Haut.
- Ich kann meine Emotionen so beeinflussen, dass ich mich besser fühle.

„Ich mache mir praktisch immer Sorgen. Darum, ob ich meinen Kindern gerecht werde. Darum, ob ich den Teilzeit-Job schaffe, besonders wenn dann noch eine Kollegin krank wird. Darum, ob wir finanziell alles stemmen können. Oder auch, drastisch gesagt, darum, ob mein Mann noch lebt, wenn er ein paar Stunden später, als er gesagt hat, nach Hause kommt."

Hanna, Sachbearbeiterin

Wo stehen Sie beim Thema Fühlen?

Prüfen Sie Ihr Resilienz-Diagramm. In welchem der drei Kompetenz-Niveaus liegen Sie aktuell? Lesen Sie die Beschreibungen durch: Inwieweit finden Sie sich wieder? Prüfen Sie danach: Welche Methoden und Techniken können Ihnen helfen?

Kompetenz-Niveau	☐ **niedrig**	☐ **mittel**	☐ **hoch**
Haken Sie ab, was auf SIE zutrifft	Sie haben ein großes Entwicklungspotenzial im Resilienz-Bereich **Fühlen**. Sie tun sich schwer damit, bewusst auf Ihre Emotionen zu achten und negative Gefühle in eine positive Richtung zu lenken. Insbesondere, wenn Situationen oder Menschen Sie aufregen, gelingt es Ihnen nicht, Ihre Wut oder Ihren Frust richtig einzuordnen. Sie tendieren deshalb wahrscheinlich dazu, Ihrem Ärger auch mal Luft zu machen, und manchmal platzt es dann einfach aus Ihnen heraus. Von Rückschlägen, Krisen und Misserfolgen lassen Sie sich leicht verunsichern und aus der Ruhe bringen und es fällt Ihnen dann besonders schwer, wieder zur Normalität zurückzukehren.	Ihre Fähigkeiten im Resilienz-Bereich **Fühlen** sind entwickelt. Grundsätzlich nehmen Sie Ihre Gefühle ernst und können Ihr emotionales Befinden und Ihre Stimmungen gut wahrnehmen und zielorientiert steuern. Allerdings fällt es Ihnen hin und wieder schwer, negative Emotionen ins Positive zu lenken. Insbesondere in Konflikt- oder Problemsituationen tendieren Sie dazu, Ihr emotionales Gleichgewicht zu verlieren, und dann kann es auch schon mal passieren, dass Ihnen der Kragen platzt und Sie Ihren Impulsen nachgeben. Oft bereuen Sie Ihre Reaktion später, aber es gelingt Ihnen trotzdem nicht immer, Ihre Emotionen schon in der Situation selbst unter Kontrolle zu halten.	Ihre Fähigkeiten im Resilienz-Bereich **Fühlen** sind sehr gut ausgebaut. Sie achten auch in emotional sehr schwierigen Phasen auf Ihr Befinden und gehen achtsam mit Ihrer Gefühlswelt um. Sie haben Ihre Emotionen in den meisten Situationen gut unter Kontrolle und sind in der Lage, plötzlich aufkommendem Ärger oder Frust entgegenzuwirken. Sie wissen, wie Sie negative Emotionen in eine positive Richtung lenken und plötzliche Impulse kontrollieren können. Auch in Konflikten oder schwierigen Situationen gelingt es Ihnen in der Regel, sich nicht von Ihren Emotionen blockieren zu lassen und einen kühlen Kopf zu bewahren.

Was ist Ihnen bewusst geworden?

Was wünschen Sie sich in Ihrem Leben anders?

Wie Sie Ihre Kompetenz erhöhen können

In diesem Bereich befassen Sie sich mit der Art und Weise, wie Sie die Kraft der Emotionen nutzen, um sich selbst hochzuziehen, statt sich runterziehen zu lassen. Durch einen bewussten Umgang mit Emotionen können Sie innere Blockaden schneller überwinden und Handlungen aktivieren. Dabei unterstützen Sie folgende Resilienz-Faktoren:

- Positive Emotionen (Seite 68)
- Impulskontrolle (Seite 74)

Orientieren –
Finden Sie Orientierung und Unterstützung, wenn es darauf ankommt

Orientierung zu finden und sich Unterstützung zu holen, wenn es darauf ankommt – das ist der dritte Weg zu mehr Resilienz.

Was tun Sie, wenn Sie nicht mehr weiterwissen? Was unternehmen Sie, wenn Ihr Plan misslungen ist und Sie nicht mehr weiterkommen? Wen können Sie um Unterstützung bitten – beruflich oder privat – wenn Sie merken, dass Sie es alleine nicht schaffen können? Resilient zu sein bedeutet, dass Sie Orientierung und Unterstützung finden, wenn Sie einen alternativen Plan brauchen oder wenn Sie Hilfe von anderen benötigen. Es bedeutet aber auch, dass Sie erwarten, dass Ihnen Positives im Leben passiert und Sie nicht immer mit dem Schlimmsten rechnen.

Ziele

- Eine positive Zukunftserwartung haben und glauben, dass das Leben nach schwierigen Zeiten und Krisen wieder besser wird.
- Offen sein für Lösungen außerhalb des Gewohnten, um die eigene Kreativität in Bezug auf Lösungsfindung zu erhöhen.
- Sich zum richtigen Zeitpunkt, wenn es nötig wird, Unterstützung im sozialen Umfeld holen, statt alles selbst machen und lösen zu wollen.

Gefahren

Es geht nicht um übertriebenen Optimismus und irrationale Vorstellungen von der Zukunft. Das wäre falsch, denn nicht alles geht automatisch gut aus. Genauso wenig geht es um unrealistische Lösungen oder darum, sich wegen jeder Kleinigkeit sofort Hilfe zu holen. Dann ginge die Eigenständigkeit verloren. Vielmehr zeichnet sich diese Kompetenz dadurch aus, sich in der komplexen Welt zu orientieren und an eine positive Zukunft zu glauben, egal, wie düster es im Moment aussieht. Dabei kann es notwendig sein, andere Menschen um Rat oder um praktische oder materielle Hilfe zu bitten.

Quick-Tipps zur persönlichen Entwicklung

- Denken Sie mehr in Richtung Tendenz zur Mitte. Wir Menschen neigen dazu, das extrem Gute oder das extrem Schlechte zu erwarten. Selten erwarten wir die Mitte. Doch die tritt am häufigsten ein. Sie denken, dass Sie nie wieder glücklich werden nach dem Verlust eines Partners. Doch, das werden Sie – aber wahrscheinlich dauert es. Extreme sind oft nicht sinnvoll. Der realistische Optimismus wählt die Mitte.
- Konzentrieren Sie sich auf Lösungen. In Schwierigkeiten sind wir oft so problemfokussiert, dass wir vor lauter Problemen keine Lösungen mehr sehen. Wenn ich gar nicht mehr weiter weiß, überlege ich mir: Was würde ich tun, wenn alles optimal läuft? Wie sieht das Ergebnis dann aus? Und dann nähere ich mich der Lösung an.
- Trauen Sie sich, um Hilfe zu bitten. Manchmal brauchen wir einen Rat, manchmal brauchen wir aber auch einen Handwerker, einen Babysitter oder vielleicht auch eine private Bank.

Sieben „typische“ Gedanken von Menschen mit hoher Orientieren-Kompetenz

- Ich finde so gut wie immer eine Lösung.
- Ich mache das Beste aus dem, was mir widerfährt.
- Ich gehe davon aus, dass in jeder Situation etwas Gutes steckt.
- Ich habe Freunde, auf die ich mich verlassen kann.
- Ich überlege schon frühzeitig, welche Chancen und Risiken Probleme mit sich bringen.
- Ich nutze unterschiedliche Strategien, um auch in krisenhaften Situationen eine Lösung zu finden.
- Ich weiß, dass jemand für mich da ist, wenn ich Hilfe brauche.

„Besonders, wenn zu viele Themen aus zu vielen Lebensbereichen auf mich einprasseln, weiß ich ganz oft nicht, wie es überhaupt funktionieren soll. Ich habe dann das Gefühl, dass von überall her eine Erwartung an mich gerichtet wird, die ich nicht erfüllen kann. Dann geht es mir so, dass ich keinen Überblick mehr habe. Ich weiß bei kleinsten Dingen nicht, wie ich sie angehen soll, und denke, dass sowieso nichts klappen wird. Mir dann Unterstützung zu holen, fällt mir besonders schwer, weil ich ja nicht mal weiß, wohin mit mir selbst."

Alexander, Ingenieur

Wo stehen Sie beim Thema Orientieren?

Prüfen Sie Ihr Resilienz-Diagramm. In welchem der drei Kompetenz-Niveaus liegen Sie aktuell? Lesen Sie die Beschreibungen durch: Inwieweit finden Sie sich wieder? Prüfen Sie danach: Welche Methoden und Techniken können Ihnen helfen?

Kompetenz-Niveau	☐ **niedrig**	☐ **mittel**	☐ **hoch**
Haken Sie ab, was auf SIE zutrifft	Ihre Fähigkeiten im Resilienz-Bereich **Orientieren** sind noch ausbaufähig. Sie haben vermutlich oft das Gefühl, dass Sie viele Dinge in Ihrem Leben nicht beeinflussen können und manches einfach gegen Sie läuft. Es fällt Ihnen deshalb auch oft schwer, optimistisch an Aufgaben heranzugehen. Manchmal wissen Sie gar nicht so genau, wie Sie eine Situation lösen sollen oder wen Sie um Hilfe bitten könnten. Vielleicht fehlt Ihnen auch einfach der Mut, jemanden nach Unterstützung zu fragen, oder Sie denken, dass es sowieso aussichtslos ist. Dadurch, dass Sie dazu tendieren, Schwierigkeiten zu erwarten, schaffen Sie es oftmals nicht, Herausforderungen anzunehmen und die Dinge einfach anzupacken.	Ihre Fähigkeiten im Resilienz-Bereich **Orientieren** sind schon ganz gut. Sie bemühen sich, optimistisch an Dinge heranzugehen, sind in der Regel zuversichtlich, dass Sie auch für schwierige Situationen oder Probleme eine Lösung finden, und probieren unterschiedliche Wege aus. Grundsätzlich gehen Sie dabei davon aus, dass Ihnen vieles gelingt und es für fast jedes Problem eine Lösung gibt. Trotzdem schaffen Sie es nicht immer, diese Einstellung auch dann beizubehalten, wenn Hindernisse auftauchen. Vermutlich suchen Sie deshalb hin und wieder gern Rat bei anderen. Sie haben ein paar enge Freunde, auf die Sie sich verlassen können und die Sie um Hilfe bitten, wenn Sie Unterstützung brauchen.	Im Resilienz-Bereich **Orientieren** haben Sie überdurchschnittlich gut entwickelte Fähigkeiten. Ihnen gelingt es fast immer, eine Lösung zu finden. Auch dann, wenn es schwierig wird, bleiben Sie zuversichtlich und probieren unterschiedliche Wege aus, um ans Ziel zu kommen. In der Regel wissen Sie, wie Sie ein Problem angehen möchten und wen Sie um Hilfe bitten können, wenn Sie Unterstützung brauchen. Ihnen ist klar, dass schwierige Situationen meistens nur vorübergehend sind. Deshalb sind Sie in der Lage, selbst in solchen Situationen mit kühlem Kopf nach einer Lösung zu suchen.

Was ist Ihnen bewusst geworden?

Was wünschen Sie sich in Ihrem Leben anders?

Wie Sie Ihre Kompetenz erhöhen können

In diesem Bereich geht es darum, nach vorne zu schauen, sich zu orientieren und ein positives Ergebnis zu erwarten. Sie nutzen Ihren Handlungsspielraum, Ihre Kreativität und verändern in vielen Situationen Ihr Denken. Nutzen Sie dafür folgende Resilienz-Faktoren:

- Realistischer Optimismus (Seite 80)
- Lösungsorientierung (Seite 86)
- Soziale Unterstützung (Seite 92)

Verstehen –
Reflektieren Sie sich selbst und hinterfragen Sie Situationen

Sich selbst zu reflektieren und Situationen zu hinterfragen, mit dem Ziel, mehr zu verstehen – das ist der vierte Weg zu mehr Resilienz.

Nehmen Sie sich Zeit, sich zu reflektieren und zu analysieren, warum Sie gerade in dieser schwierigen oder positiven Situation sind? Achten Sie außerdem auch darauf, wie es den Menschen in Ihrem Umfeld geht? Beide Komponenten sind wichtig für Ihre Resilienz, denn es geht darum zu verstehen, warum bestimmte Situationen zustande gekommen sind und wie Sie diese in Zukunft ändern können. Dafür ist es zum einen essentiell, Ihr eigenes Verhalten zu verstehen und auch mal selbstkritisch zu sein. Aber auch das Verhalten der anderen verstehen zu können, gehört dazu.

Ziele

- Verstehen, warum Situationen zustande gekommen sind, wie sie sind, um daraus Erkenntnisse für die Zukunft zu gewinnen.
- Automatismen im eigenen Verhalten und im Beurteilen des Verhaltens anderer unterbrechen, um konstruktiver, produktiver und effektiver mit herausfordernden und schwierigen Situationen umzugehen.
- Sich in die Gefühls- und Gedankenwelt anderer Menschen hineinversetzen können, um so mehr Verständnis für die Menschen und ihr Wirken zu bekommen, denn das erhöht die eigene Gelassenheit im Umgang mit Schwierigkeiten.

Gefahren

Es geht nicht darum, sich immer und ständig zu hinterfragen. Das könnte einerseits zu egoistischem Verhalten führen und andererseits könnte es auch die Selbstkritik übertrieben fokussieren. Auch Empathie kann übertrieben eingesetzt zu Schwierigkeiten führen. Sie kann an Ihren Kräften zehren, weil Sie Ihre mentalen Ressourcen belastet. Und sie kann auch ethische Standards senken, zum Beispiel wenn Sie dadurch als Führungskraft einen bestimmten Mitarbeiter bevorzugen und sich nicht mehr emotional abgrenzen können.

Quick-Tipps zur persönlichen Entwicklung

- Versuchen Sie in Situationen, in denen Sie Probleme haben oder befürchten, dass diese kommen, sich bewusst und systematisch zu hinterfragen. Versuchen Sie zum Beispiel, mit der Warum-5-Methode (Seite 102) auf die tatsächlichen Ursachen zu kommen.
- Entwickeln Sie Ihre Empathie, indem Sie Menschen und ihre Reaktionen beobachten lernen. So können Sie besser nachvollziehen, was bestimmtes Verhalten auslösen kann und wann Menschen emotional reagieren.
- Geben Sie sich nicht mit oberflächigen Erklärungen zufrieden. Besonders wenn Sie immer wieder in ähnliche Schwierigkeiten geraten – entweder in der Kommunikation oder im Umgang mit anderen (z. B. Partnerschaft) oder in Bezug auf das eigene Leben (z. B. Ernährung) –, nehmen Sie sich Zeit zum Analysieren und Verstehen.

Sieben „typische" Gedanken von Menschen mit hoher Verstehen-Kompetenz

- Ich analysiere, wie Situationen zustande gekommen sind.
- Ich weiß, wann mich mein Verhalten behindert.
- Ich kann die Risiken und Auswirkungen meines Verhaltens gut einschätzen.
- Es fällt mir leicht, mich in andere Menschen hineinzuversetzen.
- Wenn mir etwas misslingt, überlege ich, was ich selbst ändern kann.
- Ich merke, wenn es jemandem in meinem Umfeld schlecht geht.
- Ich kann mein Verhalten flexibel an Situationen anpassen.

Real Life Stories

„Ich kann es einfach nicht nachvollziehen, warum mein Kollege es nicht auf die Kette kriegt, so zu arbeiten, wie ich mir das vorstelle. Wir kommen mit unserem Projekt nicht voran. Ich pushe und pushe, aber es hilft nichts. Ich tue alles, um ihn zu motivieren. Er kriegt es einfach nicht hin. Wenn alle so wie ich arbeiten würden, wäre das für mich deutlich leichter. Dann könnten wir hier richtig was rocken."

Max, Marketing-Manager

Wo stehen Sie beim Thema Verstehen?

Prüfen Sie Ihr Resilienz-Diagramm. In welchem der drei Kompetenz-Niveaus liegen Sie aktuell? Lesen Sie die Beschreibungen durch: Inwieweit finden Sie sich wieder? Prüfen Sie danach: Welche Methoden und Techniken können Ihnen helfen?

Kompetenz-Niveau	☐ **niedrig**	☐ **mittel**	☐ **hoch**
Haken Sie ab, was auf SIE zutrifft	Der Resilienz-Bereich **Verstehen** befindet sich bei Ihnen noch im Aufbau. Theoretisch ist Ihnen wahrscheinlich klar, dass viele Situationen nicht nur durch Ihr Verhalten so sind, wie sie sind, aber es fällt Ihnen schwer, objektiv zu betrachten, wie diese Situationen zustande gekommen sind. Es fällt Ihnen manchmal auch schwer, das Verhalten anderer Menschen nachzuvollziehen und die Gründe für deren Handeln zu ermitteln. Oft ertappen Sie sich wahrscheinlich dabei, dass Sie die Schuld für ein Problem oder Konflikt schnell bei sich suchen. Der Grund könnte sein, dass Sie sich noch nicht im Klaren darüber sind, wie Sie Situationen ganz objektiv analysieren können.	Ihre Fähigkeiten im Resilienz-Bereich **Verstehen** sind bereits gut entwickelt. Sie sind schon ganz gut darin, Situationen zu hinterfragen und Ihr Verhalten zu reflektieren. Auch die Gefühle und Gedanken Ihrer Mitmenschen möchten Sie verstehen und versuchen deshalb, sich in sie hineinzuversetzen. Das gelingt Ihnen wahrscheinlich noch nicht immer so gut, wie Sie es sich wünschen. In besonders herausfordernden Situationen ist es für Sie vermutlich nicht so einfach, die tatsächlichen Ursachen für das Zustandekommen der Situation zu ermitteln. Sie tendieren gerade dann eher dazu, den Fehler bei Ihnen selbst zu suchen, anstatt die Situation noch einmal objektiv zu hinterfragen.	Ihr Ergebnis im Resilienz-Bereich **Verstehen** deutet darauf hin, dass Sie Ihre Denk- und Verhaltensweisen immer wieder hinterfragen mit dem Ziel, sich selbst besser zu verstehen. Auch andere möchten Sie besser verstehen. Deshalb versetzen Sie sich immer wieder intuitiv oder bewusst in die Gefühlswelt von anderen Menschen hinein. Dadurch gelingt es Ihnen meistens, das Zustandekommen von Situationen nachzuvollziehen und Ursachen für bestimmte Probleme zu erkennen. Achten Sie darauf, dass Sie es mit Ihrer Empathie nicht übertreiben, denn zu viel Empathie kann sich auch negativ auswirken, z. B. könnten Sie sich dazu hinreißen lassen, unfaire Entscheidungen zu treffen.

Was ist Ihnen bewusst geworden?

Was wünschen Sie sich in Ihrem Leben anders?

Wie Sie Ihre Kompetenz erhöhen können

Generell fällt es leichter, positiv und konstruktiv mit Herausforderungen im Leben umzugehen, wenn Sie verstehen, warum Sie selbst so handeln, wie Sie handeln, und warum andere so handeln, wie sie handeln. Das Verständnis für beides können Sie ausbauen und so Ihre Kompetenz steigern. Dabei helfen Ihnen folgende Resilienz-Faktoren:

- **Kausalanalyse** – Trainieren Sie die Fähigkeit, Situationen logisch und sachlich zu analysieren und Probleme auf die tatsächlichen Ursachen zurückzuführen. (Seite 98)
- **Empathie** – Lernen Sie, sich in andere Menschen hineinzuversetzen. (Seite 104)

Aktion: Reflektieren Sie diese fünf Fragen für sich

Nachdem Sie die 4 Wege zu mehr Resilienz kennengelernt haben und Ihre eigene Resilienz-Kompetenz ermittelt haben, nehmen Sie sich einen Moment Zeit, um über das Gelesene und neu Erfahrene nachzudenken.

1. Welchen Weg zu mehr Resilienz nutzen Sie aktuell am meisten?

☐ **Akzeptieren**	☐ **Fühlen**
☐ **Verstehen**	☐ **Orientieren**

2. Welche Dimension der Resilienz nutzen Sie am wenigsten?

☐ **Akzeptieren**	☐ **Fühlen**
☐ **Verstehen**	☐ **Orientieren**

3. Bei welchem Weg zu mehr Resilienz erkennen Sie sich am ehesten wieder?

4. Was genau macht derzeit Ihre Stärke in der Resilienz aus?

5. Was haben Sie entdeckt, das Sie bei sich ändern möchten?

Aktion: Wissenstest – welche Dimension wird beschrieben?

1. **Lesen Sie die Aussagen:** Es wird das Verhalten einer Person beschrieben.
2. **Kategorisieren Sie das Verhalten:** Weisen Sie die verschiedenen Verhaltensweisen je einer der vier Dimensionen der Resilienz zu. Schreiben Sie in das freie Kästchen neben dem Verhalten den entsprechenden Buchstaben.
3. **Lösen Sie das Ergebnis auf:** Rubbeln Sie mit einer Münze die Lösung in der rechten Spalte frei.
4. **Ermitteln Sie Ihren RQ (Resilienz-Quotienten):** Geben Sie sich für jede richtige Antwort einen Punkt und schreiben Sie die Summe in das Summenkästchen.

	A = Akzeptieren, **F** = Fühlen, **O** = Orientieren, **V** = Verstehen →	**Ihre Zuweisung**	**Rubbeln Sie hier mit einer Münze die Lösung frei**
01.	Kann mit negativen Gefühlen wie Sorgen und Ängsten umgehen.		
02.	Holt sich Unterstützung aus dem sozialen Umfeld.		
03.	Nimmt sich selbst mit Stärken und Schwächen an.		
04.	Hinterfragt das eigene Verhalten und sieht auch Fehler bei sich.		
05.	Weiß genau, in welchen Situationen er vorschnell handelt, und hat gelernt, das zu verhindern.		
06.	Kann sich in andere Menschen hineinversetzen.		
07.	Weiß, dass es immer Fehlentscheidungen im Leben geben wird, und steht auch zu den Konsequenzen.		
08.	Hat immer eine Lösung parat.		
09.	Sieht die Verantwortlichkeit für das eigene Handeln nur bei sich.		
10.	Sucht die Ursachen für Probleme und geht ihnen auf den Grund.		
11.	Hat Menschen im Umfeld, auf die man sich verlassen kann.		
12.	Glaubt an die eigene Wirksamkeit in der Welt.		
13.	Kann die eigenen Emotionen positiv beeinflussen.		
14.	Lässt sich durch negative Gefühle nicht vom Ziel ablenken.		
15.	Glaubt daran, dass das Leben irgendwann wieder gut wird.		
16.	Kennt sich selbst und kann das eigene Verhalten einschätzen.		
	Ihr persönlicher „RQ" von maximal 16 Punkten – **Summe:**		

Auswertung:

☐ 0–7 Punkte: Lesen Sie das Kapitel noch einmal.
☐ 8–12 Punkte: Gut, Sie haben die Grundlagen des Resilienz-Modells verstanden.
☐ 13–16 Punkte: Spitze! Sie sind schon ein Profi in Sachen Resilienz-Know-how.

Wie Sie die 4 Wege zu mehr Resilienz gehen

4 Wege, mit denen Sie innere Stärke aufbauen

In diesem Kapitel finden Sie Methoden und Techniken für die 4 Wege zu mehr Resilienz. Wir stellen Ihnen für Akzeptieren, Fühlen, Orientieren und Verstehen jeweils verschiedene Resilienz-Faktoren vor, mit denen Sie gezielt innere Stärke aufbauen können. Wählen Sie genau die Vorschläge aus, die zu Ihnen passen, und probieren Sie aus, welcher Weg für Sie der richtige ist. Im Anschluss finden Sie für verschiedene berufliche und private Lebensbereiche konkrete Tipps für die 4 Wege zu mehr Resilienz.

Resilienz mit anderen

> *„Es gibt Tage, an denen man nicht nur sehen, sondern ein Auge zudrücken muss."* **Benjamin Franklin**

1 – Akzeptieren-Faktor: Akzeptanz

Stellen Sie sich vor: Sie sind 35 Jahre verheiratet, Kinder, Haus, Hund … alles scheint wunderbar zu sein. Eines Tages kommt Ihr Partner nach Hause, geht ins Schlafzimmer und Sie hören wie Kleiderschränke geleert werden. Das Nächste, was Sie wahrnehmen, sind Worte, die Sie kaum glauben können. Ihr Partner verkündet Ihnen: „Ich hab mich verliebt und ich ziehe heute zu meiner neuen Freundin."

Jeden Tag passieren Dinge, die kaum zu fassen sind.

- Eine junge Frau geht zum Arzt wegen Bauchschmerzen, diagnostiziert wird unheilbarer Darmkrebs und sie ist drei Wochen später tot.
- Ein junger Mann hat aus Geldmangel einen Versicherungsbeitrag von 125 Euro nicht bezahlt. Zwei Wochen später brennt sein Haus komplett ab wegen einer kaputten Elektroleitung.

„Wenn doch nur x anders gelaufen wäre …" Das ist der Satz, der uns dann meist nicht mehr loslässt. Noch mehr: Häufig fällt es uns schwer, die Tatsachen zu akzeptieren, und wir kämpfen mit dem, was ist. Nicht immer müssen es die großen Schicksalsschläge sein. Es sind auch die kleineren Alltagsthemen.

- Eine vertane Chance im Job.
- Eine verpatze Präsentation.
- Ein blöder Kommentar, der nicht mehr zu ändern ist.

Akzeptanz bedeutet, die Ist-Situation anzunehmen und stehen zu lassen: das Leben, andere Menschen und sich selbst. Das ist ein wichtiger Faktor, wenn es darum geht, mit (unerwarteten) Veränderungen zurechtzukommen und innere Stärke zu entwickeln.

Akzeptanz gegenüber dem Leben

„Na dann akzeptiere ich halt, dass ich gescheitert bin, und lass es einfach." – Diese Art von Akzeptanz, mit der wir vielleicht auch negative Assoziationen haben, ist nicht gemeint! Das wäre vorschnelles Aufgeben. Akzeptanz heißt, das anzunehmen, was nicht zu ändern ist. Das kann Schicksalsschläge betreffen, aber auch kleine Dinge im Leben. Es geht darum, zu unterscheiden, wann wir etwas akzeptieren müssen und wann wir darum kämpfen sollten, etwas zu verändern.

Akzeptanz gegenüber anderen

Menschen stehen zu lassen, wie sie sind, das ist für viele von uns eine Herausforderung. Fast bei jedem Menschen finden wir etwas, was uns stört, was wir lieber anders hätten. Manchmal doktern wir mehr an den Schwächen unserer Mitmenschen herum, als an unseren eigenen. Andere zu akzeptieren, bedeutet, sie trotzdem zu fördern und herauszufordern. Ihnen trotzdem zu sagen, was uns stört. Aber nicht aus der Erwartung heraus, dass sie es anders machen müssen, sondern mit der Haltung, dass sie darüber entscheiden, was sie tun und nicht tun.

Akzeptanz gegenüber mir selbst

Das biblische Zitat „Liebe deinen Nächsten wie dich selbst" ist auch heute noch hochaktuell. Es wird verwendet, um Menschen zu sagen, dass sie andere stehen lassen sollen, wie sie sind. Doch eine zweite Aussage wird häufig übersehen: Ich kann andere nur dann lieben – oder sagen wir akzeptieren –, wenn ich mich selbst liebe bzw. akzeptiere. Wenn ich mich selbst nicht annehmen kann, dann wird es schwierig sein, andere anzunehmen. Mit sich selbst, mit seinen Stärken und Schwächen, in Frieden zu sein, sich selbst nicht ständig zu kritisieren, nichts Unmögliches von sich zu erwarten – damit fängt es an. Dann können Sie das Leben im Ganzen annehmen.

Was heißt **Akzeptanz** für Sie?

Wie schätzen Sie Ihre aktuelle Kompetenz ein, Dinge zu akzeptieren?

Lesen Sie die Beschreibungen der drei Kompetenz-Niveaus durch und kreuzen Sie an, wie Sie sich aktuell einschätzen. Eine Orientierung gibt Ihnen Ihr Selbsteinschätzungs-Ergebnis (Akzeptieren) von Seite 25.

Wo stehen Sie?	Kompetenz-Niveau	Daran erkennen Sie das Niveau Ihrer Kompetenz, unveränderbare Dinge zu akzeptieren
☐	**niedrig**	Es fällt Ihnen tendenziell schwer, Dinge zu akzeptieren. Oft fragen Sie sich, was Sie anders hätten machen sollen oder wie Ihr Leben dann aussehen könnte. Sie können Gedanken und Ereignisse aus der Vergangenheit nur schwer loslassen. Sie beschäftigen sich noch lange damit, wenn Ihnen ein Fehler passiert ist, eine Entscheidung gegen Ihren Willen getroffen wurde oder einer Ihrer Pläne aufgrund Entscheidungen anderer nicht mehr umsetzbar ist.
☐	**mittel**	In vielen Situationen gelingt es Ihnen, Umstände, die Sie nicht ändern können, zu akzeptieren. Auch mit Ihrer Vergangenheit haben Sie größtenteils im positiven Sinne abgeschlossen. Es gibt aber auch einiges, was Sie noch heute beschäftigt und nicht loslässt. Manchmal zweifeln Sie an Ihren Entscheidungen. Manchmal fällt es Ihnen auch schwer, den Ist-Zustand zu akzeptieren. Vermutlich haben Sie mit großen Veränderungen Schwierigkeiten, wenn sie nicht von Ihnen initiiert wurden.
☐	**hoch**	Ihnen gelingt es meistens, das Leben so anzunehmen, wie es ist. Sie sind in der Lage, Entscheidungen zu akzeptieren, wenn diese nicht mehr geändert werden können – auch dann, wenn Sie sich aus heutiger Sicht anders entscheiden würden. Sie können die Vergangenheit loslassen und sich gut auf neue Bedingungen einstellen. Auch wenn etwas anders gekommen ist, als Sie es sich vorgestellt haben, passen Sie sich an, wenn Sie wissen, dass es nicht veränderbar ist.

Annehmen von Vergangenem und Unveränderlichem: Wie Sie Ihre Akzeptanz steigern

Akzeptanz bedeutet, das anzunehmen, was unveränderbar oder vergangen ist. Es geht darum, Verluste, Rückschläge und ungewollte Vorfälle in das eigene Leben zu integrieren. Eine wichtige Grundlage dafür ist es, Dinge zu akzeptieren, die nicht mehr verändert werden können, und das Vertrauen zu haben, dass jedes Ereignis auch positive Aspekte enthält und sinnvolle Konsequenzen nach sich ziehen kann. Auch wenn diese im Moment noch nicht klar zu erkennen sind.

Warum ist dieser Faktor wichtig?

Es ist wichtig, sich darüber bewusst zu sein, dass das Verhalten anderer und manche Umstände nicht veränderbar sind. Mit diesem Bewusstsein ist möglich, Vergangenes loszulassen und ohne „schweren Rucksack" in die Zukunft zu gehen.

Fünf Reflexionsfragen zur Akzeptanz

1. Haben Sie für sich Vorgehensweisen entwickelt, wie Sie Unveränderliches akzeptieren können?
2. Wann haben Sie zuletzt an etwas festgehalten und konnten es nicht loslassen, obwohl der Zug längst abgefahren war? Wie ging es Ihnen damit?
3. Wie gehen Sie damit um, wenn Sie hart und lange für ein Ziel oder Vorhaben kämpfen, es am Ende aber doch nicht realisiert werden kann?
4. Denken Sie an etwas aus Ihrem Privat- und Berufsleben: Was sollten Sie akzeptieren, aber es gelingt Ihnen noch nicht?
5. Wie wollen Sie mit diesen Themen umgehen?

So trainieren Sie Ihre Akzeptanz

Triple-A-Strategie

→ Akzeptieren → Analysieren → Abhaken

Nutzen Sie die Triple-A-Strategie, um mit Misserfolgen umzugehen:

1. Akzeptieren: Finden Sie sich damit ab, dass Sie Ihr Ziel nicht erreicht haben. Entscheiden Sie das bewusst.

2. Analysieren: Woran hat es gelegen? Beschäftigen Sie sich vor allem mit den Faktoren, die Sie selbst in der Hand hatten.

3. Abhaken: Ziehen Sie einen Schlussstrich. Nach dem schönen Motto: „Hinfallen, aufstehen, Krönchen richten, weitergehen."

Anwendung: Es wird immer wieder vorkommen, dass Dinge nicht nach Plan laufen und Sie Ziele nicht erreichen. Der Umgang mit Misserfolgen ist herausfordernd und gleichzeitig lehrreich. Es ist wichtig, Misserfolge als Lernchancen zu sehen, sie zu akzeptieren und zu analysieren, damit kein weiterer Misserfolg generiert wird. Wie kann das gelingen? Der erste Schritt ist immer die vollständige Akzeptanz der aktuellen Situation. Das heißt nicht, den Misserfolg zu ignorieren, sondern ganz im Gegenteil: Nachdem Sie akzeptiert haben, dass die Situation so ist, wie sie ist – auch wenn das schwerfällt –, geht es im zweiten Schritt darum, zu hinterfragen, woran es lag, dass Sie Ihr Ziel nicht erreicht haben, und Konsequenzen daraus zu ziehen. Erst wenn Sie festgelegt haben, wie Sie zukünftig in ähnlichen Situationen handeln wollen, können Sie die Situation abhaken.

Weitere Strategien, um Ihre Akzeptanz zu trainieren

- **Ich akzeptiere das, auch wenn es mich nicht erfreut!**
  Dieses Mantra ist eine Einstellung im Leben. Machen Sie sich diese Einstellung zu eigen. Wenn Sie alles versucht haben, um etwas zu verändern, aber es nicht geklappt hat, bleibt Ihnen nur diese Lösung.

- **Sackgasse:**
  Machen Sie sich bewusst, dass es Dinge im Leben gibt, die nicht in Ihrem Einflussbereich liegen, sondern von der Entscheidung anderer abhängig sind. Wenn Sie hier versuchen, etwas zu verändern, endet das meist in einer Sackgasse. Sie kommen irgendwann nicht mehr weiter. Überlegen Sie, wie Sie aus der Sackgasse rauskommen, indem Sie sich bewusst machen, was Sie selbst verändern können. Biegen Sie dann entsprechend ab.

- **Failing for Learning:**
  Sehen Sie Misserfolge als Lernchance. Nicht alles im Leben wird Ihnen gelingen. Verabschieden Sie sich von dieser Erwartungshaltung. Wenn Sie Ihre Haltung im Leben so verändern, dass Sie wissen, dass Sie mit jedem Scheitern trotzdem einen Schritt weiterkommen, weil Sie lernen, bringt das viel Gelassenheit in Ihre Misserfolge.

- **To-accept-Liste:**
  Machen Sie eine Liste mit allen Dingen, die Sie bisher einfach nicht akzeptieren können, und bearbeiten Sie eine Sache nach der anderen, ähnlich wie bei einer To-do-Liste.

- **V V (Vergangenheit Verschriftlichen)-Methode:**
  Verschriftlichen Sie Erfolge aus der Vergangenheit. Wenn Sie gelernt haben, etwas zu akzeptieren: Wie ist Ihnen das gelungen? Daraus können Sie für aktuelle Fälle und für die Zukunft lernen.

„Das habe ich noch nie vorher versucht.
Also bin ich völlig sicher, dass ich es schaffe!" **Pippi Langstrumpf** (von Astrid Lindgren)

2 – Akzeptieren-Faktor: Selbstwirksamkeitserwartung

Max, der zehnjährige Sohn einer guten Freundin, ist hundertprozentig davon überzeugt, dass er Fußballer in Nationalmannschaft wird. Egal, was andere sagen: Er glaubt daran, dass er es schaffen wird. Er spielt in der Nationalmannschaft, wenn er „groß" ist. Was glauben Sie, was die Erwachsenen sagen – oder zumindest denken? Vermutlich haben Sie die Sätze schon im Kopf. „Jaja, träum weiter." Oder: „Du wirst schon sehen, dass das nicht so einfach ist." Oder: „Mach lieber was Richtiges mit deinem Leben." Erinnern Sie sich, wie Sie sich mit zehn Ihre Zukunft vorgestellt haben? Wir denken in diesem Alter, dass alles möglich ist. Wir glauben an uns, an unsere Fähigkeiten und daran, dass unsere Taten etwas in der Welt bewirken werden. Das nennt sich Selbstwirksamkeitserwartung.

Im Laufe des Erwachsenwerdens verlieren wir manchmal diesen Glauben teilweise oder komplett. Er wird jedes Mal schwächer, wenn wir Dinge nicht schaffen oder den eigenen Anforderungen oder denen anderer (scheinbar) nicht gerecht werden. Dann schwindet unser Glaube daran, dass wir aus eigener Kraft ein Problem oder eine Herausforderung bewältigen können. Doch es funktioniert auch andersherum: Wenn uns Dinge gelingen, die wir uns vorgenommen haben, die wir, obwohl sie schwer waren, geschafft haben, dann stärkt dies den Glauben daran, dass wir ein Problem oder eine Herausforderung bewältigen können. Das Problem ist: In unserem Denken gibt es häufig Blockaden, die uns davon abhalten, Herausforderungen anzunehmen und einfach loszulegen. Gedanken über uns selbst können hinderlich sein.

Wie hinderliche und negative Gedanken entstehen

„Ich bin nicht gut genug, um erfolgreich zu sein." „Ich bin nicht gut genug, um bedingungslos geliebt zu werden." „Alles, was ich mache, läuft schief." „Ich kann das nicht allein schaffen." Das sind negative Glaubenssätze. Glaubenssätze werden uns von klein auf antrainiert. Durch das, was uns passiert, und durch das, was uns andere immer wieder sagen. Jedes Mal, wenn wir einen Satz, genau gleich formuliert, erneut hören, verfestigt dieser sich wie ein Weg in unseren Nervenbahnen. Aus einem Trampelpfad wird dann irgendwann eine Autobahn. Und – zack – der negative Gedanke ist sofort da, obwohl wir eigentlich genau in diesem Moment den Glauben an unsere Fähigkeiten brauchen.

Ist die Selbstwirksamkeitserwartung trainierbar?

Tatsächlich haben Menschen eine unterschiedlich starke Selbstwirksamkeitserwartung, einerseits aufgrund ihrer Gene, andererseits durch ihre Erziehung. Dennoch ist auch dieser Resilienz-Faktor trainierbar. Es geht darum, dass Sie Ihr Denken hinterfragen, verändern und damit Ihre Selbstwirksamkeitserwartung steigern. Sie lernen: „Ich kann etwas bewirken."

Attributionsstil ist entscheidend für Selbstwirksamkeit und Resilienz

Unter Attribution versteht man die Beantwortung der Frage: „Worauf führen Sie einen Erfolg zurück?" Schreiben Sie beispielsweise in einer Examensarbeit eine 1 und denken: „Das war einfach Glück", dann führen Sie den Erfolg auf Glück und nicht auf Ihr Können zurück. In diesem Fall ist die Attribution („Ich denke, es war Glück") nicht förderlich für die Selbstwirksamkeit. Noch weniger förderlich ist es, wenn Sie zudem Ihr Versagen auf Ihre Fähigkeiten zurückführen. Dann denken Sie, wenn Sie einmal durchfallen: „Das war typisch für mich, ich kann halt nichts." Am besten ist es, wenn Sie sowohl Ihre Erfolge als auch Ihr Versagen auf Ihre Fähigkeiten beziehen und logisch hinterfragen, ob vielleicht die Umstände noch dazu beigetragen haben.

Was heißt **Selbstwirksamkeitserwartung** für Sie?

Wie schätzen Sie Ihre aktuelle Kompetenz ein, an Ihre Fähigkeiten zu glauben?

Lesen Sie die Beschreibungen der drei Kompetenz-Niveaus durch und kreuzen Sie an, wie Sie sich aktuell einschätzen. Eine Orientierung gibt Ihnen Ihr Selbsteinschätzungs-Ergebnis (Akzeptieren) von Seite 25.

Wo stehen Sie?	Kompetenz-Niveau	Daran erkennen Sie das Niveau Ihrer Kompetenz, an Ihre Fähigkeiten zu glauben
☐	**niedrig**	Insbesondere in schwierigen Situationen fällt es Ihnen schwer, an Ihre eigene Kompetenz zu glauben. Sie lassen sich immer wieder durch Hindernisse von Ihren eigentlichen Vorhaben abbringen. Oftmals liegt das daran, dass Sie schon zu Beginn der Zielverfolgung nicht wirklich daran geglaubt haben, dass Sie das Ziel aus eigener Kraft erreichen können.
☐	**mittel**	Häufig gelingt es Ihnen, an sich zu glauben, auch wenn Sie auf Widerstände oder Hindernisse treffen. Vermutlich wissen Sie, was Sie gut können und darauf können Sie auch vertrauen. Wenn jedoch alles neu und unbekannt ist, kann das anders aussehen. Gerade in schwierigen Situationen tendieren Sie deshalb häufig dazu, unruhig zu werden, weil Sie nicht daran glauben, dass Sie mithilfe Ihrer eigenen Kompetenz eine Lösung finden.
☐	**hoch**	Sie fühlen sich auch größeren Anforderungen gewachsen. In der Regel trauen Sie sich zu, dass Sie selbst in schwierigen Situationen erfolgreich sein können. Sie sehen solche Situationen eher als Herausforderung und nicht als Problem. Auch bei Rückschlägen und Hindernissen zeigen Sie meistens ein großes Durchhaltevermögen und glauben daran, dass Sie trotzdem einen Weg zum Ziel finden.

Der Glaube an die eigene Kompetenz: Wie Sie Ihre Selbstwirksamkeit steigern

Wenn Sie eine hohe Selbstwirksamkeitserwartung haben, glauben Sie daran, dass Sie mit Ihrer Kompetenz ein Problem oder eine Herausforderung bewältigen können. Oder dass Sie sich die Kompetenz antrainieren können, falls Ihnen noch etwas fehlt. Sie sind davon überzeugt, dass Sie alles, was Sie bewältigen müssen, um ein bestimmtes Ziel zu erreichen, auch bewältigen können.

Warum ist dieser Faktor wichtig?

Für Menschen ist es außerordentlich wichtig, von sich selbst und ihrem Tun überzeugt zu sein. Fehlt diese Überzeugung, führt dies zu Unsicherheit und im schlimmsten Fall zu Apathie, Unlust oder depressiver Verstimmung.

Fünf Reflexionsfragen zur Selbstwirksamkeitserwartung

1. Welche Herausforderungen, an die Sie sich bisher noch nicht herangetraut haben, sind attraktiv für Sie?

2. Wie würden Sie Ihr generelles Bild von sich beschreiben? Positiv? Negativ? Oder mal so und mal so?

3. Wann haben Sie in Ihrem Leben etwas geschafft, von dem Sie nicht geglaubt haben, dass es möglich ist?

4. Welche Herausforderungen haben Sie im letzten Jahr bewältigt? Welche davon hätten Sie auch vor zehn Jahren so gut geschafft? (Sie entwickeln sich weiter und Sie können in Zukunft mehr schaffen, als Sie denken.)

5. Wann neigen Sie dazu, Ihre Fähigkeiten zu überschätzen oder unterschätzen?

So trainieren Sie Ihre Selbstwirksamkeitserwartung

Die 4 Ws: Wie Sie von „Ich kann nicht“ zu „Ich schaffe es“ kommen

Machen Sie sich in schwierigen Situationen Ihre Stärken bewusst. Denn manchmal stehen wir vor Aufgaben, bei denen wir uns fragen: „Wie soll ich das nur schaffen?“ Oder wir haben seit langer Zeit ein Ziel und scheitern immer wieder, weshalb wir nicht mehr daran glauben, dass wir es schaffen können. In beiden Fällen stehen Sie vor einer Herausforderung, bei der Sie nicht an sich glauben. Um die Situation meistern zu können, brauchen Sie aber genau diese Überzeugung. Das gilt es also zu ändern, damit Sie die Überzeugung gewinnen: „Ich kann das schaffen.“

Anwendung: Erinnern Sie sich an eine herausfordernde Situation oder ein Ziel, an dessen Erreichen Sie nicht mehr glauben. Stellen Sie sich vier Fragen:

1. Warum glauben Sie, dass Sie es nicht schaffen?
2. Was wäre, wenn das Gegenteil wahr wäre und Sie es problemlos schaffen würden?
3. Welche Beweise gibt es dafür, dass Sie es schaffen können? Denken Sie dabei an Ereignisse, in denen Sie Ähnliches gemeistert oder etwas geschafft haben, was Sie sich zunächst gar nicht zugetraut hatten.
4. Wer könnte Sie darin bestätigen, dass Sie es schaffen können? Andere Menschen können dazu beitragen, dass wir unsere Überzeugungen verändern, indem sie uns Mut zusprechen. Dieser Schritt ist also mit Handeln verbunden: Holen Sie sich Mut von genau dieser Person.

Weitere Strategien, um Ihre Selbstwirksamkeitserwartung zu trainieren

- **Fernglas-Perspektive:**
  Überlegen Sie: Was wollen Sie in ein paar Jahren geschafft haben, was Ihnen momentan noch ganz weit weg erscheint? Sehen Sie sich das wie durch ein Fernglas an, beschreiben Sie es ganz konkret und überzeugen Sie sich selbst davon, dass Sie es erreichen können, indem Sie sich immer wieder sagen, dass Sie es schaffen können. Menschen unterschätzen nämlich dramatisch, was alles in zehn Jahren möglich ist. Schauen Sie deshalb mal zurück: Wo waren Sie vor 10 Jahren? In welcher Situation? Hätten Sie damals gedacht, dass sie heute das machen, was Sie machen? Die meisten Menschen beantworten dies Frage mit einem klaren Nein.

- **Neue Ufer:**
  Packen Sie etwas an, was Sie bisher noch nicht angegangen sind, aber schon länger im Visier haben. Das Motto heißt: Raus aus der Komfortzone. Machen Sie regelmäßig Dinge, die Sie noch nie gemacht haben. Denn dort können Sie wachsen und auch über sich hinauswachsen. Das wiederum stärkt Ihre Selbstwirksamkeitserwartung.

- **Wunschzettel erstellen:**
  Wie ist Ihr Wunschbild von sich selbst? Jeder hat Vorstellungen davon, was er sich noch aneignen möchte oder wie er sich verändern möchte. Machen Sie eine Liste und fangen Sie an, sich eine Sache nach der anderen zu erarbeiten.

- **Erfolgsjournal:**
  Dokumentieren Sie Ihre Erfolge. Wir vergessen oft, was wir alles geschafft haben. Machen Sie einfach eine (digitale) Liste.

- **Zehn Schritte rückwärts**
  Sie haben etwas, woran Sie aktuell nicht glauben, dass Sie es schaffen können. Etwas, das Ihnen sehr schwer machbar oder sogar unvorstellbar erscheint: Nehmen Sie diese Zielsituation und gehen Sie dann von dort aus zehn Schritte rückwärts. Der zehnte Schritt der dort steht, ist der erste, den Sie gehen müssten. Schauen Sie jetzt nochmal: Ist das immer noch so unvorstellbar? Die meisten Menschen merken, dass der erste Schritt gut geht oder sie sogar schon mittendrin sind.

> *„Solange du glaubst, dass an allem nur die anderen schuld sind, wirst du viel leiden."*
>
> **Dalai Lama**

3 – Akzeptieren-Faktor: Verantwortung

Das Wetter kommt, wie es kommen möchte. Wenn ich morgens aus dem Haus gehe, kann ich mir Sonne wünschen. Doch wenn es regnet, kann ich wenig daran ändern. Es liegt nicht in meinem Einflussbereich und damit auch nicht in meiner Verantwortung. Allerdings liegt es in meiner Verantwortung, ob ich stundenlang durch den Regen laufe und danach krank bin und dafür dann dem Wetter die Schuld gebe. Oder ob ich mich dafür entscheide, einen Regenschirm rauszuholen und dafür zu sorgen, dass ich trocken an meinem Ziel ankomme.

Verantwortung ist so eine Sache. Die einen reißen sich darum, die anderen wollen sie gar nicht haben. Doch was ist jetzt der „richtige" Weg, sofern es einen gibt? Wir sind davon überzeugt, dass jeder Mensch verantwortlich für sein Handeln beziehungsweise Nichthandeln ist und damit auch die Konsequenzen tragen muss. Verantwortlich sein kann auch heißen, dass ich mich bewusst gegen den Schirm entscheide und dann damit lebe, dass ich mich erkälte. Das Gegenteil von Verantwortung ist Schuldverlagerung. „Du (Partner) bist schuld daran, dass ich mich so schlecht fühle, weil du mir nie Komplimente machst." Wir sind schnell, wenn es darum geht, Schuld zuzuweisen und Verantwortung abzugeben. Wie ist das bei Ihnen?

Verantwortung im Sinne von Selbstverantwortung ist entscheidend dafür, wie wir in unserem Leben mit Dingen, die uns passieren, umgehen. Ist uns bewusst, dass es immer an uns liegt, was wir aus Situationen machen? Haben wir dieses Verständnis von Selbstverantwortung? Das Bewusstsein darüber, dass wir Einfluss auf unsere Leben haben, ist grundlegend dafür.

Worauf wir wirklich Einfluss haben

Steven R. Covey beschreibt in seinen „7 Wegen zu mehr Effektivität" den Unterschied zwischen Einflusszone und Interessenszone. Die Interessenszone ist all das, was mir wichtig ist – also zum Beispiel, dass das Wetter gut ist. Das ist mein legitimes Interesse. In diesem Interessensbereich gibt es einen Teil, den ich beeinflussen kann, meine Einflusszone. Ich kann zum Beispiel den Regenschirm mitnehmen oder mich wetterfest anziehen. Darum geht es, wenn Sie Verantwortung übernehmen. Sie übernehmen Verantwortung für das, was Sie beeinflussen und auch verändern können. Kurz gesagt: für Ihr Denken, Fühlen und Handeln. Wenn Ihr Chef nicht sieht, was Sie für ihn tun, liegt das in Ihrer Interessenszone. Beeinflussen können Sie aber nur, dass Sie sich mehr Lob wünschen, nicht, dass Sie auch gelobt werden.

Menschen, die Verantwortung übernehmen, nehmen ihr Leben in die Hand

Wir tendieren manchmal dazu, mehr über das zu klagen, was wir nicht beeinflussen können, als das zu verändern, was wir verändern können. Letzteres setzt voraus, dass wir unser Handeln überprüfen und nachjustieren können. Diese Fähigkeit braucht es, um Aussagen wie „Mein Partner macht mich nicht glücklich" loszuwerden. Es ist wie im Film „Dirty Dancing", wo Tanzlehrer Johnny zu Tanzschülerin Baby sagt: „Das ist mein Tanzbereich und das ist dein Tanzbereich." Was ist Ihr Tanzbereich im Leben? Wenn Sie jemand anderem die Schuld für Ihren falschen Tanzschritt zuweisen, geben Sie ihm damit auch die Macht über Ihr Versagen. Sie gestehen damit dem anderen viel mehr Macht über Sie zu, als gut ist. Viel besser ist es, wenn Sie in Ihrem Tanzbereich bleiben. Wie Ihnen das gelingt, erfahren Sie auf Seite 65 ff.

Was heißt **Verantwortung** für Sie?

Wie schätzen Sie Ihre aktuelle Kompetenz ein, Verantwortung zu übernehmen?

Lesen Sie die Beschreibungen der drei Kompetenz-Niveaus durch und kreuzen Sie an, wie Sie sich aktuell einschätzen. Eine Orientierung gibt Ihnen Ihr Selbsteinschätzungs-Ergebnis (Akzeptieren) von Seite 25.

Wo stehen Sie?	Kompetenz-Niveau	Daran erkennen Sie das Niveau Ihrer Kompetenz, Verantwortung zu übernehmen
☐	**niedrig**	Vermutlich haben Sie immer wieder Angst vor Fehlentscheidungen, weil es Ihnen schwerfällt, die volle Verantwortung für Ihr Leben zu übernehmen. Deshalb lassen Sie in kritischen Situationen eher andere entscheiden. Oftmals entscheiden andere auch über Ihren Kopf hinweg, vielleicht weil Sie zu zögerlich sind. Dann fühlen Sie sich ungerecht behandelt.
☐	**mittel**	Sie stehen meistens zu dem, was Sie tun, und fühlen sich für Ihr Handeln verantwortlich. Oft fällt es Ihnen leicht, Entscheidungen zu treffen. Hin und wieder sind Sie jedoch mit den Konsequenzen Ihrer Entscheidungen unzufrieden. Dann tendieren Sie dazu, die Verantwortung bei anderen zu suchen, und es fällt Ihnen besonders schwer, zu Ihren Fehlentscheidungen zu stehen und Entscheidungen trotz unsicherem Ausgang zu treffen.
☐	**hoch**	Sie wissen, dass Sie Steuermann Ihres Lebens sind. Wenn etwas in Ihrem Leben misslingt, überlegen Sie zunächst, was Sie selbst daran ändern können. Sie wissen, dass Sie andere nicht für Ihre Fehler verantwortlich machen können, da Sie sonst die Verantwortung für Ihr eigenes Leben abgeben. Es fällt Ihnen leicht, Entscheidungen zu treffen und mit den Konsequenzen zu leben, die diese nach sich ziehen.

Das Leben selbst in die Hand nehmen: Wie Sie Ihre Verantwortung steigern

Resiliente Menschen fühlen sich für ihre Gedanken, Gefühle und Handlungen selbst verantwortlich. Sie sind deshalb davon überzeugt, dass sie diese selbstbestimmt beeinflussen können. Sie machen nicht andere Menschen für ihr Handeln und ihre Zufriedenheit verantwortlich. Das bedeutet auch, dass sie anderen nicht die Schuld für etwas geben, was ihnen selbst widerfährt.

Warum ist dieser Faktor wichtig?

Wir haben nur dann die Möglichkeit, unser Leben aktiv zu beeinflussen, wenn wir Verantwortung für das übernehmen, was wir tun – und für das, was wir nicht tun.

Fünf Reflexionsfragen zur Verantwortung

1. In welchen Situationen geben Sie die Verantwortung für Ihr Handeln an andere ab, um es sich selbst leichter zu machen?

2. Mit welchen Entscheidungen tun Sie sich schwer, vielleicht aus Angst vor dem, was passieren könnte?

3. Für welche Probleme oder Situationen geben Sie anderen die Schuld? Zum Beispiel Ihrem Partner, Ihrem Chef oder Ihren Eltern?

4. Welche Fehler aus Ihrer Vergangenheit würden Sie am liebsten unter den Teppich kehren?

5. In welchen Situationen fällt es Ihnen leicht, die Verantwortung für Ihr Handeln zu übernehmen?

So trainieren Sie Ihre Verantwortung

Von Verantwortungshemmer zu -booster: Was hindert Sie und was stärkt Sie?

Von Verantwortung zu reden, ist eine Sache – sie tatsächlich zu übernehmen, eine andere. Ängste, Unsicherheit oder auch Ärger und Wut (die meistens durch Antreiber entstehen) können dazu führen, dass wir uns vor Verantwortung scheuen oder sie sogar bewusst von uns weisen. Wenn wir uns bewusst machen, was uns hemmt, Verantwortung zu übernehmen, aber auch, was uns hilft, sie zu übernehmen, können wir im Alltag besser agieren.

Anwendung: Nehmen Sie ein Blatt und unterteilen Sie es in zwei Bereiche: **MINUS** (Verantwortungshemmer) und **PLUS** (Verantwortungsbooster).

Fragen Sie sich bei **MINUS**:

- Was hindert mich daran, Verantwortung zu übernehmen?
- Vor welchen Konsequenzen habe ich Angst?
- Was traue ich mir nicht zu?

Fragen Sie sich bei **PLUS:**

- Was hilft mir, Verantwortung zu übernehmen?
- Was traue ich mir zu?
- Welche Konsequenzen verursachen positive Gefühle?

Schauen Sie dann beide Seiten an und überlegen Sie, wie Sie die **PLUS**-Seite nutzen können, um mehr Selbstverantwortung zu übernehmen.

Weitere Strategien, um Ihre Verantwortung zu trainieren

- **Verlagern Sie Ihren Fokus:**
  Richten Sie Ihren Fokus auf das, was Sie ändern können. Vermeiden Sie es, sich auf Dinge zu konzentrieren, die Sie nicht in der Hand haben. Das gilt vor allem dann, wenn Sie Ihre Ziele definieren. (Beispiel: „Ich will befördert werden." ➜ Nicht in Ihrer Hand. „Ich will Kompetenz X erreichen" ➜ In Ihrer Hand.)

- **Komfortzonen-Challenge:**
  Wenn wir uns nicht trauen, bestimmte Entscheidungen zu treffen, fehlt uns der Mut. Machen Sie es sich zur Regel, jede Woche eine mutige Sache zu tun. Etwas, das Sie sich normalerweise nicht trauen würden.

- **Schuldfrage:**
  Wenn Sie zum Beispiel Ihre Eltern dafür verantwortlich machen, dass Sie heute so wenig mutig sind und immer alles perfekt machen wollen, fragen Sie sich: Was könnte ich tun, wenn ich schuld wäre? Was würde ich verändern?

- **Angst-Sucher:**
  Oft übernehmen wir keine Verantwortung, weil wir Angst vor Fehlern oder der Meinung anderer haben. Achten Sie darauf, in welchen Situationen solche Ängste Sie leiten.

- **Verantwortungsgefühl:**
  Erinnern Sie sich, wenn Sie sich vor Verantwortung drücken, an eine Situation, in der Sie volle Verantwortung übernommen haben. Versetzen Sie sich gedanklich in das gute Gefühl, das Sie damals hatten. Nutzen Sie es, um sich zu motivieren, auch in der aktuellen Situation die Verantwortung zu übernehmen.

> *„Nur für etwas, das dich wirklich bewegt,*
> *kannst du wirklich etwas bewegen"* **Karl-Heinz Karius**

4 – Fühlen-Faktor: Positive Emotionen

Gefühle, negative wie positive, haben eine unheimliche Kraft. Wir alle kennen es, wie wir plötzlich Bäume ausreißen könnten, wenn wir frisch verliebt sind. Eine positive Energie, die alles mitreißt. Egal, was passiert, wir sehen dann fast alles rosarot, denn diese positiven Emotionen überschatten alles, was nur einen Hauch negativ ist. Doch wenn aus dieser Verliebtheit plötzlich Enttäuschung wird, weil wir verlassen, betrogen oder verletzt werden, kann sich diese positive Energie rasant in eine negative Energie verwandeln, die dann wiederum alles Positive überschattet.

Besteht Ihr Leben primär aus Emotionen wie Sorge, Wut, Ärger oder Eifersucht? Oder fühlen Sie Zufriedenheit, Gelassenheit und Freude? Sind Sie neidisch auf Ihre Kollegen, wenn diese einen Erfolg verbuchen, zu dem Sie vielleicht beigetragen haben, oder freuen Sie sich mit? Die Art der Gefühle, die Sie empfinden, entscheidet darüber, welche Energie Sie freisetzen. Obwohl es im Deutschen über 150 Adjektive für Gefühlsregungen gibt, ist es gar nicht so leicht, präzise zu beschreiben, was Sie wirklich fühlen. Das ist jedoch die erste Voraussetzung dafür, Ihre negativen Emotionen überhaupt regulieren zu können.

Überlegen Sie einmal, welche Gefühle Ihren Tag primär bestimmen. Erleben Sie häufig Angst, Zweifel, Sorgen, Bereuen, Neid, Enttäuschung? Oder ist Ihr Tag geprägt von Freude, Erfüllung, Zufriedenheit und positiver Aufregung? Nehmen Sie sich einmal bewusst Zeit, um immer wieder zu prüfen, wie ihre Gefühlslage gerade ist. Tendenz positiv? Tendenz negativ? Wahrzunehmen, was ist, ist nämlich bereits der erste Schritt zur Veränderung.

Wie entstehen Emotionen?

Emotionen entstehen durch körperliche Erregung und kognitive Prozesse. Jede Situation, jedes Ereignis löst bei uns zunächst bestimmte physiologische Erregungszustände (wie Pulsbeschleunigung, Schwitzen oder Ähnliches) aus. Daraufhin versuchen wir, die Ursache für dieses wahrgenommene körperliche Geschehen ausfindig zu machen und es auf die subjektive Erklärung der Situation zurückzuführen, zum Beispiel: „Ich bin angespannt, weil ich die Situation für gefährlich halte." In diesem Fall erleben wir Angst. Entscheidend ist jedoch, dass jeder Mensch selbst Einfluss darauf nehmen kann, wie er seine Gefühle interpretiert. Viele emotionale Reaktionen sind bereits fest etablierte Muster, die sich über Jahre verfestigt haben und fast automatisch getriggert werden, sobald die Hinweisreize dafür auftauchen. So bekommt jeder im Laufe der Jahre seine persönlichen „Trigger". Vielleicht kennen Sie das: Durch ein paar Worte oder ein nonverbales Signal werden ganze emotionale Ketten der unangenehmen Art ausgelöst. Diese gilt es zu durchbrechen.

Gefühle und körperliche Reaktionen sind untrennbar verbunden

Es ist wissenschaftlich erwiesen, dass mimische, gestische und körperliche Ausdrucksformen Einfluss auf Emotionen haben. Zum Beispiel kann eine Körperhaltung mit hängendem Kopf, hängenden Schultern und gesenkten Mundwinkeln dafür sorgen, dass Sie einen traurigen Moment viel intensiver erleben. Dagegen werden Sie sich in dieser Körperhaltung kaum stark und souverän fühlen können. Wenn Sie feststellen, dass Sie in einer Situation öfter nicht das tun, was Sie tun möchten, dann kann das daran liegen, dass Ihr Körper und Ihr Geist unterschiedliche Dinge wollen. Bei der emotionalen Selbstführung spielt der Körper eine entscheidende Rolle. Vor allem die Körperhaltung. Menschen können sich besser motivieren, schwierige Aufgaben zu lösen und dabei zuversichtlich zu bleiben, wenn sie aufrecht und offen in ihrer Körperhaltung sind. Eine gekrümmte Körperhaltung signalisiert dem Bewusstsein negative Gefühle. Durch bewusste Variation der Körperhaltung können Emotionen jedoch beeinflusst werden. Nutzen Sie das für sich.

Was sind **Positive Emotionen** für Sie?

Wie schätzen Sie Ihre aktuelle Kompetenz ein, Emotionen zu regulieren?
Lesen Sie die Beschreibungen der drei Kompetenz-Niveaus durch und kreuzen Sie an, wie Sie sich aktuell einschätzen. Eine Orientierung gibt Ihnen Ihr Selbsteinschätzungs-Ergebnis (Fühlen) von Seite 25.

Wo stehen Sie?	Kompetenz-Niveau	Daran erkennen Sie das Niveau Ihrer Kompetenz, Emotionen zu regulieren
☐	**niedrig**	Wenn Sie schlecht gelaunt sind, fällt es Ihnen sehr schwer, aus dieser negativen Gefühlslage heraus- und in eine positive Stimmung zurückzukommen. Es kommt immer wieder vor, dass Sie merken, dass Sie Ihre Gefühle nicht im Griff haben. Wenn Sie sich wegen etwas Sorgen machen, können Sie sich nur schwer auf Ihre Aufgaben konzentrieren und geraten leicht ins Grübeln.
☐	**mittel**	Vermutlich brauchen Sie relativ lange, um nach einem Schicksalsschlag oder einer Niederlage wieder zur Normalität zurückzufinden. Gelegentlich lassen Sie sich in den Strudel negativer Gedanken reinziehen und können sich dann nur noch schwer auf Ihre eigentlichen Vorhaben konzentrieren. Oft gelingt es Ihnen aber auch gut, Ihre Gefühle zu lenken und Ruhe zu bewahren.
☐	**hoch**	In schwierigen Situationen behalten Sie meistens einen kühlen Kopf und schaffen es in der Regel, sich nach Niederlagen und Enttäuschungen schnell wieder aufzurappeln und zur Normalität zurückzukehren. In den meisten Fällen haben Sie Ihre Gefühle im Griff, sodass diese Sie nicht von Ihren Aufgaben ablenken.

Das Leben auch im Sturm gestalten: Wie Sie Ihre positiven Emotionen steigern

Beim Resilienz-Faktor positive Emotionen geht es darum, sich von Niederlagen und Schicksalsschlägen (schnell) zu erholen und emotional gegensteuern zu können. Es geht also im Wesentlichen um emotionale Stabilität. Das bedeutet nicht, negative Emotionen auszuschalten. Vielmehr kommt es darauf an, sich von ihnen nicht dauerhaft herunterziehen zu lassen und gerade auch in schwierigen Situationen positive Emotionen zuzulassen.

Warum ist dieser Faktor wichtig?

Positive Emotionen beeinflussen zahlreiche Lebensbereiche: beruflichen Erfolg, soziale Beziehungen, das eigene Selbstwertgefühl, die psychische und körperliche Gesundheit. Das Erleben positiver Emotionen kann eine Art psychologische Auszeit bedeuten, in der Ressourcen wieder aufgefüllt werden.

Fünf Reflexionsfragen zur Emotionsregulation

1. Welche Gefühle nehmen Sie bei sich primär wahr? Positive? Negative? Welche konkret? Sind Sie wütend, ärgerlich, sorgenvoll? Oder glücklich, zufrieden? Versuchen Sie, Ihre Emotionen konkret zu beschreiben.

2. In welchen Situationen haben Sie das Gefühl, dass Ihre Emotionen Sie herunterziehen, und wie zeigt sich das körperlich bei Ihnen?

3. In welchen Situationen neigen Sie dazu, Ihre Gefühle ganz wegzudrücken, und warum ist das so?

4. Wie gelingt es Ihnen bisher, sich in turbulenten Gefühlslagen wieder zu beruhigen?

5. Wie gut gelingt es Ihnen, frühzeitig zu erkennen, ob es Ihnen gut oder nicht gut geht?

So trainieren Sie Ihre Emotionsregulation

What would my Emotion-Hero do? Was würde ein anderer in der gleichen Situation tun?

Oft sind es ähnliche Situationen, in denen wir zweifeln und nicht wissen, was wir tun sollen. In solchen Momenten hilft ein Emotionsvorbild. Fast jeder kennt jemanden, der emotional meistens im Gleichgewicht ist und sich auch von heftigen Reaktionen seiner Mitmenschen nicht aus der Ruhe bringen lässt. Solche Menschen haben gelernt, negative Emotionen zuzulassen, sie einzuordnen und sich selbst bewusst in eine positive Gefühlslage zu lenken.

Anwendung: Denken Sie, sobald Sie von starken Emotionen überrollt werden, an Ihr Emotionsvorbild. Fragen Sie sich, was Ihr Vorbild in Ihrer Situation tun würde, und versuchen Sie dann, so wie Ihr Vorbild zu handeln. Mit ziemlicher Sicherheit können Sie Ihre Reaktion nicht auf Anhieb ändern – lassen Sie sich davon nicht entmutigen! Es braucht viel Zeit und Kraft, um automatisierte Reaktionen und Handlungsketten zu ändern.

Es kann helfen, sich nicht nur vorzustellen, was das Emotionsvorbild – der Emotion-Hero – tun würde, sondern auch dessen Körperhaltung einzunehmen. Denn unsere Körperhaltung kann, wie Seite 69 beschrieben, unsere Emotionen sehr stark beeinflussen.

Weitere Strategien, um Ihre Positive Emotionen zu trainieren

- **R-E-S-P-E-C-T:**
  Respektieren Sie Ihre Emotionen! Seien Sie dankbar dafür, dass Sie sich gerade so fühlen, wie Sie sich fühlen, auch wenn Sie sich gern anders fühlen würden.

- **Embodiment:**
  Wenn Sie Ihren Gesichtsausdruck, Ihre Haltung und Ihre Stimme bei Erfolgserlebnissen kennen, können Sie versuchen, genau diese in schwierigen Situationen abzurufen. Sie nutzen also gezielt Ihren Körper, um sich in eine gute Stimmung zu bringen.

- **Vogelperspektive:**
  Sobald Sie von starken Emotionen überrollt werden, können Sie sich vorstellen, wie jemand anderes die Situation deuten würde. Überlegen Sie, welche Emotion Sie selbst gern zeigen möchten und wie Ihnen dies beim nächsten Mal gelingen könnte.

- **Hund aus dem Tierheim:**
  Uns selbst gegenüber sind wir meistens nicht sehr nachsichtig, wenn uns ein Fehler passiert. Versuchen Sie beim nächsten Mal, nicht zu hart zu sich zu sein. Denken Sie zum Beispiel an einen Hund, den Sie aus dem Tierheim geholt haben. Den würden Sie auch nicht anschreien, wenn er aus Angst in Ihre Wohnung pinkelt.

- **Waldbaden:**
  Es ist unbestritten, dass der Wald dem Menschen guttut. In Japan gilt Waldbaden sogar als Medizin. Doch was meint Waldbaden genau und was ist der Unterschied zum Spazierengehen? Waldbaden heißt, dass Sie in den Wald gehen, ohne ein Ziel zu haben. Es geht darum, mit allen Sinnen die Natur wahrzunehmen und sich einfach nur treiben zu lassen. Am Anfang kann das sehr schwerfallen. Starten Sie am besten zunächst mit einer Stunde und steigern Sie sich dann langsam. Erfahrene Waldbadende verbringen bis zu zehn Stunden im Wald.

> *„Wer lernt, auf den Wellen seiner Emotionen zu surfen, kann nicht untergehen."*
>
> **Helmut Glaßl**

5 – Fühlen-Faktor: Impulskontrolle

Alle Menschen kennen diese Situationen: Wir werden von etwas getriggert und das bringt uns innerhalb kürzester Zeit von null auf 180. Zum Beispiel das Auto, das mit 30 Stundenkilometern auf der Landstraße vor uns tuckert, oder auch Kommentare des Partners wie „Du hast schon wieder den Müll nicht rausgebracht". Diese Trigger haben sich innerhalb von Jahren zu festgefahrenen Mustern entwickelt. Wie impulsiv wir auf Situationen oder Trigger reagieren, hat teilweise mit unserem angeborenen Temperament zu tun. Es gibt Menschen, die die durch Trigger ausgelösten Impulse stärker fühlen, und andere, die sie weniger stark fühlen. Das können wir nicht ändern. Was wir aber ändern können: Wir können diese Impulse kontrollieren, statt uns von ihnen kontrollieren zu lassen.

Impulse sorgen dafür, dass wir reagieren. Das kann dazu führen, dass wir zu schnell Dinge sagen, die andere verletzen und die wir später bereuen. Oder dass wir blitzschnell handeln, was sich dann als kontraproduktiv herausstellt. Und wenn Sie sich vorgenommen haben, keinen Nachtisch zu essen, und dann in letzter Minute doch noch ein Dessert bestellen, ist das ebenfalls auf Impulse zurückzuführen. Menschen, die gelernt haben, ihre Impulse zu kontrollieren, lassen sich in Situationen, die für sie einen Trigger darstellen, nichts anmerken. Auch wenn sie innerlich vor Wut kochen, platzt ihr Ärger nicht aus ihnen heraus. Anders sieht das bei Menschen mit einer niedrigen Impulskontrolle aus. Ihnen fällt es sehr schwer, ihre ersten Impulse zurückzustellen und zu hinterfragen. Sie sagen, was sie denken, und zeigen, was sie fühlen – auch wenn das überhaupt nicht angemessen ist und andere verletzt.

Warum Impulse nicht unterdrückt werden dürfen

Impulse sind wichtig und sollen nicht unterdrückt werden. Sie sind ähnlich wie Reflexe, die wir in uns haben. Sie generell zu unterdrücken, wäre nicht sinnvoll, denn sie können uns vor Schlimmem bewahren. Stellen Sie sich vor, Sie stehen an einem Backofen und wollen die frisch gebackene Lasagne rausholen. Sie fassen die Form an und ziehen sofort Ihre Hand zurück. Viel zu heiß! Schon durch minimales Anfassen haben Sie sich verbrannt. Vor weiteren Verbrennungen schützt Sie nun ein Reflex. Genau wie solche Reflexe brauchen wir auch Impulse. Doch Impulse, durch die wir vorschnell reden oder handeln, gilt es zu erkennen und in eine andere Richtung zu lenken. Wie gelingt das?

Lernen Sie, Situations-Reaktions-Ketten zu durchbrechen

Alles fängt mit der Selbstbeobachtung an. Danach geht es darum, dass Sie lernen, Ihr Verhalten zu verändern, das heißt: anders mit dem Impuls umzugehen. Impulse werden in der Regel von ähnlichen Situationen getriggert. Sie müssen also diese Trigger kennenlernen und dann überlegen, was Sie alternativ tun könnten, um unerwünschte Konsequenzen Ihres impulsiven Handelns zu vermeiden. Wie funktioniert das? Es gibt eine Situation (Sie sind im Restaurant), Ihr Impuls hat eine spezielle Reaktion zur Folge (Sie bestellen in letzter Minute einen Nachtisch) und das findet immer wieder so statt. Diese Situations-Reaktions-Kette können Sie Schritt für Schritt verändern, indem Sie lernen, kurz vor dem Impuls zu reagieren. Vor allem ist es wichtig, dass Sie sich strategisch darauf vorbereiten, was Sie tun, wenn Sie in eine solche Situation kommen. Das wird nicht über Nacht gelingen. Das wäre auch zu viel erwartet, denn Impulse sind in der Regel seit vielen Jahren in unserem Leben. Mit verschiedenen Strategien, die auf Seite 78 ff. beschrieben werden, können Sie aber nach und nach Ihre Reaktionen bearbeiten. Vielleicht wird der Impuls im Inneren noch lange bleiben, doch Ihre Reaktion ist eine andere. Stellen Sie sich jemanden vor, der mit dem Rauchen aufgehört hat. Der Exraucher hat sicher noch einige Wochen in typischen Situationen den Impuls, zur Zigarette zu greifen, doch er tut es nicht. Und wenn er dabei konsequent bleibt, wird der Impuls mit der Zeit schwächer oder verschwindet ganz.

Was heißt **Impulskontrolle** für Sie?

Wie schätzen Sie Ihre aktuelle Kompetenz ein, Impulse zu kontrollieren?
Lesen Sie die Beschreibungen der drei Kompetenz-Niveaus durch und kreuzen Sie an, wie Sie sich aktuell einschätzen. Eine Orientierung gibt Ihnen Ihr Selbsteinschätzungs-Ergebnis (Fühlen) von Seite 25.

Wo stehen Sie?	Kompetenz-Niveau	Daran erkennen Sie das Niveau Ihrer Kompetenz, Ihre Impulse zu kontrollieren
☐	**niedrig**	Vermutlich passiert es öfter, dass Sie Dinge sagen oder tun, die Sie schon wenig später bereuen. Insbesondere in herausfordernden Situationen fällt es Ihnen schwer, impulsive Handlungen zu vermeiden. Das liegt wahrscheinlich daran, dass Sie nicht aus der angespannten Situation herausgehen können, um sie zu hinterfragen.
☐	**mittel**	In der Regel gelingt es Ihnen schon gut, erste Impulse und Gedankenblitze zu hinterfragen. Ab und zu passiert es dennoch, dass Sie ad hoc reagieren und dann beispielsweise Dinge sagen, die Sie später bereuen. Insbesondere dann, wenn Sie sowieso schon angespannt oder gereizt sind, fällt es Ihnen schwer, aus Situationen herauszugehen, um Ihre Impulse zu reflektieren.
☐	**hoch**	Sie fahren so gut wie nie aus Ihrer Haut. Auch in aufreibenden Situationen gelingt es Ihnen, Ihre ersten Impulse zu hinterfragen und erst danach zu reagieren. Dazu machen Sie sich klar, welche Konsequenzen Ihre Handlungen nach sich ziehen, und leiten daraus angemessene Reaktionen ab.

Die Impulskontrolle verbessern: Wie Sie erste Impulse hinterfragen, statt reflexartig zu handeln

In vielen Situationen im Alltag tendieren wir dazu, reflexartig und impulsiv zu handeln. Im Laufe unseres Lebens lernen wir, diese Impulse einigermaßen zu kontrollieren, indem wir sie zunächst zurückstellen und hinterfragen. Nur so gelingt es, die eigenen Impulse zu steuern.

Warum ist dieser Faktor wichtig?

Würden wir immer nur reflexartig handeln, hätte das negative Auswirkungen auf unser gesamtes Leben und unsere Beziehungen. Deshalb ist es wichtig, nicht jedem Impuls unreflektiert zu folgen.

Fünf Reflexionsfragen zur Impulskontrolle

1. Welche drei „Blitzreaktionen" führen bei Ihnen immer wieder zu unangenehmen Konsequenzen?

2. Welche Situationen in Ihrem Leben gibt es, in denen Sie immer wieder ähnlich impulsiv handeln, was dann zu Ihrem Nachteil oder zum Nachteil anderer ist?

3. Wie gehen Sie momentan mit Impulsen um, die Sie in einer Situation überraschen? Wann geben Sie dem Impuls nach, wann können Sie widerstehen?

4. Welche Strategien haben Sie momentan, um Impulsen nicht nachzugeben?

5. Wie gehen Sie damit um, wenn Sie „versagen"?

So trainieren Sie Ihre Impulskontrolle

Die rote Ampel: Nutzen Sie eine Stimmungsampel

Manche Menschen reagieren impulsiver als andere. Das liegt meist daran, dass sie stärkere Emotionen empfinden als andere. Das ist eine Sache des Temperaments und lässt sich nicht verändern. Doch inwieweit Sie die entsprechende Reaktion zulassen oder intervenieren, das liegt in Ihrer Hand. Häufig baut sich ein Impuls wie eine Welle auf: Sie rollt heran und dann bricht sie – der Impuls ist raus und es ist zu spät. Die Lösung ist, die Welle vorher schon zu senken. Wie geht das?

Anwendung:
Impulsive Reaktionen kündigen sich an. Stellen Sie sich eine Ampel vor:

- **Grün:** Alles läuft normal.
- **Gelb:** Sie merken, dass Sie unruhig werden.
- **Rot:** Sie geben dem Impuls nach.

Wenn Sie nun Ihre Impulse besser kontrollieren möchten, ist der Faktor Zeit wesentlich. Denn Impulse sind Automatismen. Schnelle Reaktionen, die einfach rauskommen. Wenn Sie wissen, wie sich Gelb anfühlt, merken Sie in Zukunft auch, wenn Sie im gelben Bereich sind. Sagen Sie dann laut oder innerlich: „Stopp!" Dann zählen Sie bis fünf oder in schlimmen Fällen bis zehn. Die Wahrscheinlichkeit, dass Sie dem Impuls dann noch nachgeben, sinkt drastisch. Es geht also darum, das Tempo zu senken.

Weitere Strategien, um Ihre Impulskontrolle zu trainieren

- **Trigger-Training:**
  Lernen Sie Ihre Trigger kennen. So können Sie frühzeitig erkennen, wenn ein destruktiver Impuls kommt, und ihn abschwächen oder sogar ganz aufheben.

- **Situations-Reaktions-Ketten:**
  Welche Situationen führen immer wieder zu den gleichen unerwünschten Reaktionen? Zäumen Sie das Pferd von hinten auf: Welche Reaktion zeigen Sie in diesen Situationen normalerweise? Welche Konsequenzen zieht das im Allgemeinen nach sich? Welche Konsequenzen möchten Sie stattdessen erzielen? Welches andere Verhalten sollten Sie dafür zeigen? Wie kann Ihnen das gelingen?

- **Ramba-Samba:**
  In emotionalen Situationen geht es darum, die Situation gedanklich zu verlassen. Dazu können Sie zum Beispiel auf der Stelle trampeln und sich wie ein Gorilla auf Brust klopfen. So irre das klingt, so schnell kommen Sie aus der kritischen Situation. Sich einige Sekunden bewusst auf das eigene Atmen zu konzentrieren, hilft übrigens auch schon.

- **Verzögerungstaktik:**
  Zählen Sie in kritischen Situationen bis fünf oder bis zehn oder warten Sie eine Minute. Zum Beispiel wenn Sie kurz davor sind, Ihrem Partner die Meinung zu geigen. Eine Minute können Sie noch abwarten, oder? Entscheiden Sie nach der Minute erneut, ob Sie noch mal warten oder Ihrem Impuls nachgeben. Jedes Warten wird Ihre Impulsivität senken und den Verstand einschalten.

- **Mindset-Change:**
  Unsere Haltung oder Einstellung zu etwas entscheidet häufig darüber, wie es am Ende ausgeht. Sehen Sie Ihr Impuls-Versagen als Lernchance an. Welche Haltung/Einstellung können Sie verändern, damit es nächstes Mal besser läuft?

„Im Leben kommt es nicht darauf an, ein gutes Blatt in der Hand zu haben, sondern mit schlechten Karten gut zu spielen." **Robert Louis Stevenson**

6 – Orientieren-Faktor: Realistischer Optimismus

Ein alter Mann, der mit seinem Sohn zusammenlebte, züchtete Pferde. Eines Tages lief sein wertvollster Hengst davon. Die Nachbarn kamen, um ihr Bedauern auszudrücken, doch der Mann sagte nur: „Woher wisst ihr, dass dies ein Unglück ist?" Am nächsten Tag kam der Hengst, begleitet von einigen Wildpferden, zurück, und die Nachbarn kamen wieder, um zu dem Glücksfall zu gratulieren, doch der Mann sagte nur: „Woher wisst ihr, dass dies ein Glücksfall ist?" Am nächsten Tag wurde der Sohn beim Versuch, eines der Tiere zuzureiten, abgeworfen und brach sich ein Bein. Wieder kamen die Nachbarn, um ihr Mitleid zu bekunden, doch der Mann sagte nur: „Woher wisst ihr, dass dies ein Unglück ist?" Kurz darauf kam es zu kriegerischen Auseinandersetzungen, doch da der Sohn verletzt war, wurde er nicht als Soldat einberufen.

Als ich diese Geschichte zum ersten Mal gehört habe, hat sie mich berührt. Denn sie zeigt, dass man alles, was passiert, selbst bewerten kann. Eine solche gedankliche Bewertung nehmen wir im Leben häufig vor. Sie beeinflusst das, was uns dann passiert. Genauer gesagt: Unsere Gedanken beeinflussen, wie wir uns verhalten und was wir tun. Wenn wir etwas Positives von der Zukunft erwarten, werden wir anders handeln, als wenn wir etwas Negatives von der Zukunft erwarten. Optimismus ist nicht nur eine Denkhaltung, sondern hat Konsequenzen für unser Verhalten und damit für unser Leben.

Warum hilft es, optimistisch zu denken?

Es gibt ein psychologisches Phänomen, die sogenannte Self-fulfilling Prophecy (sich selbst erfüllende Prophezeiung). Gedanken haben demnach die Tendenz, sich zu verwirklichen. Deshalb lassen sich auch Wirkungen bei Pillen nachweisen, die gar keine Wirkstoffe enthalten, sogenannte Placebos – man spricht hier vom Placebo-Effekt. Viele Forschungen belegen: Denken beeinflusst Handeln. Stellen Sie sich nun vor, Sie denken immer wieder: „Das darf nicht passieren." Sie sind also sorgenvoll und pessimistisch in Bezug auf ein Ereignis in Ihrer Zukunft. Dann können Sie fast sicher sein, dass es eintreten wird! Zum Glück funktioniert das auch umgekehrt. Gedankenkraft wird deshalb auch im Hochleistungssport systematisch genutzt: Sportler gewinnen zuerst im Kopf. Sie überwinden die Hürden vorher mental, reagieren auf ihre Gegner, sehen sich selbst beim Siegen zu und glauben daran, dass es funktioniert. All das ist nur möglich, wenn Sie eine gesunde Portion an Optimismus mitbringen.

Trauen Sie sich, optimistisch zu sein!

Manchmal trauen wir uns gar nicht, zu sagen: „Ich gewinne." Wir haben das Gefühl, das wäre etwas Schlechtes. Oder wir wollen später nicht enttäuscht sein, wenn wir scheitern. Lieber gehen wir gar nicht erst davon aus, dass es klappt. Doch es geht beim Optimismus auch gar nicht darum, die Welt rosarot zu sehen, sondern darum, den Mut zu haben, einen Plan in dem Glauben zu verwirklichen, dass es gelingen kann. Auch in kleinen Dingen des Alltags hilft uns Optimismus: Stellen Sie sich vor, es ist 7 Uhr, der Wecker klingelt, Sie überhören ihn, wachen um 8 Uhr auf, sind schon eine Stunde zu spät, na das kann ja ein Tag werden … So geht es weiter: Schuhe passen nicht, Kaffee auf die neue Hose verschüttet, Sie müssen sich umziehen. Dann plötzlich: Stau, kein Parkplatz, Unterlagen für die Besprechung fehlen. Vielleicht kennen Sie solche Tage. Das Problem ist, dass diese Automatismen unbewusst ablaufen. Wenn Sie optimistischer sein wollen, haben Sie bei jedem dieser Gedanken eine neue Chance. Sie können den negativen Gedanken ändern und positive Gedanken fördern. Wie das geht, erfahren Sie auf den nächsten Seiten.

Was heißt **Realistischer Optimismus** für Sie?

Wie schätzen Sie Ihre aktuelle Kompetenz ein, optimistisch zu sein?

Lesen Sie die Beschreibungen der drei Kompetenz-Niveaus durch und kreuzen Sie an, wie Sie sich aktuell einschätzen. Eine Orientierung gibt Ihnen Ihr Selbsteinschätzungs-Ergebnis (Orientieren) von Seite 25.

Wo stehen Sie?	Kompetenz-Niveau	Daran erkennen Sie das Niveau Ihrer Kompetenz, optimistisch zu sein
☐	**niedrig**	Sie gehören zu den Menschen, die dazu tendieren, das Glas als halb leer statt als halb voll zu sehen. Sie erwarten deshalb grundsätzlich eher Schwierigkeiten und fühlen sich in Ihrer Haltung bestätigt, wenn diese eintreten. Es fällt Ihnen oft schwer, zu verstehen, wie andere Menschen in Ihrem Umfeld etwas Gutes erwarten können, obwohl aus Ihrer Sicht alle Umstände gegen ein gutes Ende sprechen.
☐	**mittel**	Sie wissen, dass eine optimistische Grundhaltung dabei hilft, schwierige Zeiten durchzustehen, doch es gelingt Ihnen nicht immer, diese Haltung auch einzunehmen. Besonders in Krisen, bei Rückschlägen oder Schicksalsschlägen kann es Ihnen schwerfallen, an ein gutes Ende zu glauben. Manchmal kann es auch im Alltag vorkommen, dass Sie in eine Negativspirale geraten, obwohl Sie anfangs zuversichtlich waren.
☐	**hoch**	Sie versuchen, das Beste aus dem zu machen, was Ihnen widerfährt. Sie erwarten auch in schwierigen Phasen, dass alles gut ausgehen wird, auch wenn viele Umstände dagegensprechen oder Menschen anderer Meinung sind. Sie sind in der Lage, positive Aspekte in herausfordernden Situationen zu sehen. Vermutlich ermutigen Sie häufig auch andere, wenn diese sich in einer schwierigen Lebenslage befinden.

Eine zuversichtliche, positive Erwartungshaltung: So steigern Sie Ihren Optimismus

Der realistische Optimismus hilft uns dabei, die positiven Aspekte einer Situation in den Mittelpunkt zu stellen, ohne mögliche Schwierigkeiten außer Acht zu lassen. Optimismus bedeutet, dass Sie unabhängig von Zeit und Situation tendenziell positive Ergebnisse erwarten. Eine optimistische Haltung wird in vielen Situationen Ihr weiteres Verhalten beeinflussen und auch darüber entscheiden, wie gut Sie Krisen bewältigen können.

Warum ist dieser Faktor wichtig?

Realistischer Optimismus ist ein guter Schutzfaktor für die psychische Gesundheit. Es ist zwar nicht so, dass Optimisten öfter recht behalten als pessimistische Menschen, aber es geht ihnen besser, weil sie sich insgesamt weniger Sorgen machen.

Fünf Reflexionsfragen zum Realistischen Optimismus

1. In welchen Lebens- oder Themenbereichen wären Sie gern optimistischer?

2. Denken Sie an die letzten drei bis sechs Monate: In welchen Situationen waren Sie zu Unrecht pessimistisch?

3. Wer oder was ist Ihr „Plus-Pol"? Haben Sie einen Ort oder einen Menschen, der Sie dabei unterstützt, wieder positiv auf eine Situation zu blicken?

4. In welchen Situationen fällt es Ihnen schwer, das Gute zu sehen?

5. Wer oder was ist Ihr „Optimismus-Killer"? Gibt es bestimmte Antreiber oder Überzeugungen, die Sie daran hindern, Dinge optimistisch zu betrachten?

So trainieren Sie Ihren Optimismus

Best Case – Worst Case: Was wird am wahrscheinlichsten passieren?

Jeder von uns kennt Situationen, in denen wir vom Schlimmsten ausgehen. Manchmal ist das auf negative Erfahrungen aus einer ähnlichen Situation in der Vergangenheit zurückzuführen, oft ist eine solch negative Grundannahme aber unbegründet. In jedem Fall ist sie hinderlich bei der Lösungsfindung, da sie sich oft im Sinne einer selbsterfüllenden Prophezeiung bestätigt. Dem können Sie entgegenwirken, indem Sie sich fragen, was am wahrscheinlichsten passieren wird.

Anwendung: Fragen Sie sich in schwierigen Situationen, was der beste und was der schlechteste Ausgang wäre. Beispiel: Sie haben am nächsten Tag eine wichtige Präsentation und sind nicht vorbereitet.

- Best Case: Auch ohne Vorbereitung halten Sie spontan einen der besten Vorträge Ihres Lebens und werden von allen Kollegen dafür gefeiert.
- Worst Case: Es läuft alles schief. Sie vergessen Ihre Unterlagen, die Sie auf den letzten Drücker noch vorbereitet haben, und dann versagt auch noch die Technik. Der Spott Ihrer Kollegen lässt nicht lange auf sich warten.
- Fragen Sie sich nun, wie ein Ausgang aussieht, der genau zwischen diesen Extremen liegt. Zum Beispiel: Am wahrscheinlichsten ist, dass der Vortrag auch ohne Vorbereitung ganz in Ordnung sein wird, Sie aber mit etwas Kritik rechnen müssen.

Wenn Sie diese Formel mehrfach anwenden, werden Sie sich selbst in Ihrem Leben „beweisen", dass Sie mit der Tendenz zur Mitte häufig richtigliegen. So können Sie langsam, aber sicher Ihren Optimismus steigern.

Übrigens funktioniert diese Methode auch andersherum: Vielleicht erwarten Sie „zu viel Gutes". Sie denken zum Beispiel, dass ein Projekt in einer Woche zu schaffen ist, obwohl Sie in der Vergangenheit einen Monat für etwas Vergleichbares gebraucht haben. Dann denken Sie zu optimistisch. Überlegen Sie sich, was der denkbar schlechteste Ausgang wäre. So bekommen Sie ein Gefühl dafür, wie viel Puffer Sie einplanen müssen.

Weitere Strategien, um Ihren Optimismus zu trainieren

- **Glaube versetzt Berge:**
  Glaube (egal an was) hilft dabei, darauf zu vertrauen, dass alles im Leben einen Sinn hat. Woran glauben Sie? Oder woran möchten Sie glauben, um eine optimistische Haltung zu entwickeln?

- **Kopfkino-Regisseur:**
  Führen Sie selbst Regie. Schreiben Sie ein Happy End, wenn Sie das nächste Mal feststellen, dass in Ihrem Kopf die Katastrophe schon eingetreten ist. Fragen Sie sich, wie der Film in Ihrem Kopfkino gut ausgehen könnte, und schreiben Sie Ihr Happy End auf.

- **Dankbarkeitsjournal:**
  Kaufen Sie sich ein schönes Notizbuch und notieren Sie jeden Abend, was an diesem Tag Gutes passiert ist: Worüber haben Sie sich gefreut? Worauf können Sie stolz sein? Welche schönen Dinge haben sich ereignet? So lernen Sie, sich auf das Gute zu fokussieren.

- **Das Gute aufspüren:**
  An jeder Situation gibt es etwas Gutes. Man muss nur darauf achten und gezielt danach suchen. Versuchen Sie in unerfreulichen Situationen, Ihre Optimismus-Brille aufzusetzen und das Gute aufzuspüren.

- **Optimismus-Killer:**
  Wir alle haben Optimismus-Killer, zum Beispiel Perfektionsansprüche, Konkurrenzverhalten oder Versagensängste, die unseren Optimismus blockieren. Wenn wir sie kennen, können wir sie rechtzeitig erkennen und entgegensteuern. Schreiben Sie Ihre Optimismus-Killer auf und konzentrieren Sie sich jeden Monat darauf, einen davon im Alltag aufzuspüren und bewusst gegenzusteuern.

„Wenn es so nicht funktioniert, wie du dachtest, wird es eben so funktionieren, wie du nicht dachtest." **Debora Karsch**

7 – Orientieren-Faktor: Lösungsorientierung

„Das geht nicht." Diese drei Worte haben vermutlich schon den einen oder anderen Chef, Partner oder Kollegen auf die Palme gebracht. Es ist ein Klassiker in jedem Unternehmen: Es wird festgestellt, dass ein Prozess nicht funktioniert, und ein Lösungsmeeting wird einberufen. Im Meeting regen sich alle darüber auf, wie nervig es ist, dass es nicht funktioniert. Jeder Vorschlag, der als Saatkorn in den Raum geworfen wird, wird direkt mit den drei Totschlag-Wörtern „Es geht nicht" im Keim erstickt. Die Frage ist nun: Denkt die Gruppe wirklich, dass es dafür eine andere Lösung gibt, oder findet hier im Grunde ein MM – ein Motzer-Meeting – statt? Wenn Sie an Ihrer Resilienz arbeiten wollen, tun Sie Folgendes: Statt zu „motzen", glauben Sie daran, dass es eine Lösung gibt, und tragen dazu bei, dass diese gefunden wird.

Lösungsorientierung bedeutet, grundsätzlich davon überzeugt zu sein, dass ein Problem lösbar ist. Das ist eine ganz andere Haltung gegenüber einem scheinbar unveränderlichen Zustand, als zu denken, dieser sei nicht lösbar. Besonders dann, wenn Pläne nicht wie vorgesehen funktionieren, ist Lösungsorientierung gefragt.

Lösungsorientierung bedeutet auch, nicht an einem Plan A festzuhalten, wenn dieser einfach nicht funktioniert. Stellen Sie sich vor, Sie sind im Restaurant. Sie haben sich vorher vorgenommen: „Ich esse ein Schnitzel." Jetzt ist das Schnitzel, das auf der Speisekarte steht, aber schon ausverkauft. Sie könnten nun lautstark Ihren Unmut herausbrüllen, sich entscheiden, zu hungern – oder Sie suchen nach Alternativen. Und genauso ist es ziemlich oft in unserem Leben.

Warum Lösungsorientierung so entscheidend für Zukunftsplanung ist

Resiliente Menschen planen die Zukunft im Kopf, machen sich aber gleichzeitig klar, dass dieser Plan A nicht immer funktionieren wird. Das bedeutet auch, abzusehen, welche Schwierigkeiten kommen könnten, und Handlungsoptionen zu entwickeln. Wenn Sie einen Plan B in der Hinterhand haben, werden Sie nicht so leicht von unvorhergesehenen Situationen aus Bahn geworfen.

Probleme sollten Sie nicht überraschen – sie gehören zum Leben dazu

Als es in meinem Vortrag darum ging, immer einen Plan B parat zu haben, hat mich eine Zuhörerin gefragt: „Warum ist das positiv? Mein Vater hat vor Urlaubsreisen immer alle Alternativrouten untersucht, weil er davon ausging, dass auf jeden Fall ein Stau kommt. Ich habe das nicht als positiv erlebt." Der große Unterschied ist, dass es nicht darum geht, von vornherein Schwierigkeiten zu erwarten. Aber wenn Sie kurz vor Italien hören, dass es vor dem Gotthardtunnel 25 Kilometer Stau gibt, ist es eine Überlegung wert, über die Berge zu fahren. Um das tun zu können, müssen Sie wissen, dass es andere Routen gibt, und vor allem auch bereit sein, Ihre ursprüngliche Route zu verlassen. Und wenn Sie ein Unternehmen haben, aber niemand Ihr geniales, über Jahre geplantes Produkt kaufen möchte, müssen Sie umdenken, wenn Sie nicht pleitegehen wollen. Resiliente Menschen sehen Probleme als Normalfall des Lebens und lenken ihren Fokus auf die Chancen. Sie sind nicht überrascht, dass es Stau vor dem Tunnel gibt, sondern wissen, dass es überall zu einem Stau kommen kann. Sie vertrauen dann auf ihre Problemlösefähigkeit, um die nächstbeste Lösung zu wählen.

Was heißt **Lösungsorientierung** für Sie?

Wie schätzen Sie Ihre aktuelle Kompetenz ein, lösungsorientiert zu denken?

Lesen Sie die Beschreibungen der drei Kompetenz-Niveaus durch und kreuzen Sie an, wie Sie sich aktuell einschätzen. Eine Orientierung gibt Ihnen Ihr Selbsteinschätzungs-Ergebnis (Orientieren) von Seite 25.

Wo stehen Sie?	Kompetenz-Niveau	Daran erkennen Sie das Niveau Ihrer Kompetenz, lösungsorientiert zu denken
☐	**niedrig**	Sie tun sich schwer damit, in Problemsituationen Lösungen zu finden. Sie tendieren dazu, sich von Ungewissheiten verunsichern zu lassen. Insbesondere dann, wenn sich Bedingungen ändern, wissen Sie nicht so recht, wie Sie alternative Lösungswege entwickeln und nutzen können. Sie sind sich nicht ganz klar darüber, wie Sie Chancen und Risiken eines Vorhabens frühzeitig erkennen können. Häufig haben Sie auch nur einen Plan A.
☐	**mittel**	Meistens sind Sie in der Lage, die Chancen und Gefahren von schwierigen Situationen im Vorfeld einzuschätzen. Trotzdem gelingt es Ihnen nicht immer, diese dann auch frühzeitig zu erkennen, sodass Sie eventuell den Moment verpassen, an dem es angebracht wäre, über alternative Lösungswege nachzudenken. Es fällt Ihnen nicht immer leicht, Problemsituationen aus verschiedenen Perspektiven zu betrachten, um sich für eine Handlung zu entscheiden.
☐	**hoch**	Sie gehören zu den Menschen, die für fast jedes Problem eine Lösung finden. Sie überlegen schon frühzeitig, welche Chancen und Risiken Probleme mit sich bringen, und können diese so rechtzeitig erkennen und gegensteuern. Sie kennen unterschiedliche Strategien, um auch in krisenhaften Situationen verschiedene Lösungswege zu entwickeln, und sind in der Lage, aus verschiedenen Optionen die beste auszuwählen.

Von der Lösbarkeit von Problemen überzeugt sein: So steigern Sie Ihre Lösungsorientierung

Lösungsorientierung bezeichnet die grundsätzliche Überzeugung, dass ein Problem lösbar ist. Damit bezieht sich dieser Faktor auf die Haltung, mit der einem scheinbar unveränderlichen Zustand begegnet werden kann. Bei der Lösungsorientierung geht es darum, Probleme zu hinterfragen und sämtliche Möglichkeiten auszuschöpfen, um kreative Lösungen zu finden.

Warum ist dieser Faktor wichtig?

Lösungsorientierte Menschen haben klare Ziele und überlegen, wie sie diese erreichen. Sie bedenken absehbare Schwierigkeiten und entwickeln rechtzeitig alternative Handlungsoptionen. So werden sie von unvorhergesehenen Situationen nicht so leicht aus der Bahn geworfen.

Fünf Reflexionsfragen zur Lösungsorientierung

1. Denken Sie an ein Problem, das Ihnen unlösbar erscheint. Welchen Rat würden Sie einer Person geben, die in Ihrer Situation ist?
2. Wie gehen Sie an ein Problem heran? Gehen Sie grundsätzlich davon aus, dass Sie eine Lösung finden werden?
3. Geben Sie schnell auf, wenn Sie nicht sofort eine Lösung finden?
4. Haben Sie immer einen Plan B parat?
5. Planen Sie auch mögliche Hindernisse und Schwierigkeiten ein, wenn Sie ein Ziel verfolgen?

So trainieren Sie Ihre Lösungsorientierung

Die ideale Lösung: Was würden Sie tun, wenn alle Umstände perfekt wären?

In komplexen Situationen, in denen wir feststecken, fällt es uns häufig schwer, in Lösungen zu denken, weil wir den Fokus zu sehr auf Probleme richten, die die scheinbar guten Lösungen behindern. Das ist menschlich und normal. Es ist ein Automatismus. Doch diesen Automatismus können Sie durchbrechen, indem Sie überlegen, was Sie tun würden, wenn es keine widrigen Umstände gäbe.

Anwendung: Wenn Sie das nächste Mal in einer Situation sind, in der Sie keine Lösung finden, überlegen Sie: „Was würde ich machen, wenn alle Umstände perfekt wären?" Visualisieren Sie diesen Endzustand. Und nähern Sie sich dann Schritt für Schritt dieser Lösung.

Beispiel: Sie sind selbstständig und haben nur Kunden aus einer einzigen Branche. Das ist Ihnen zu riskant, doch Sie schaffen den Sprung in eine andere Branche nicht, weil Sie dort keine Erfahrung haben, zu beschäftigt sind …. Ihre perfekte Lösung wäre: Sie hätten 50 Prozent Kunden aus einer Branche und 50 Prozent Kunden aus einer anderen Branche. Überlegen Sie jetzt: Was können Sie tun, um das zu erreichen? Möglicherweise könnten Sie ein Netzwerk aufbauen, Erfahrungen sammeln oder Empfehlungen einholen. Probieren Sie eines nach dem anderen aus. Sie werden sich immer mehr der idealen Lösung nähern.

Weitere Strategien, um Ihre Lösungsorientierung zu trainieren

- **Beraten Sie sich selbst:**
  Versetzen Sie sich in die Lage einer anderen Person, die Ihnen in einer schwierigen Situation einen Rat geben soll. Was würden Sie aus dieser Perspektive sich selbst raten? Anderen einen Rat zu geben, fällt uns meist leichter, als für uns selbst eine Lösung zu suchen.

- **Lösungsquadrat:**
  Nehmen Sie sich ein Blatt und falten Sie es so, dass Sie vier Felder haben. Für jedes Feld überlegen Sie sich dann eine mögliche Lösung für Ihr Problem. So können Sie sicherstellen, dass Sie mehrere Alternativen durchdacht und sich für die bestmögliche Lösung entschieden haben.

- **Out-of-the-box-Denken:**
  Stellen Sie sich das nächste Mal, wenn Sie ein Problem lösen wollen, vor, dass Sie ein Künstler sind, der eine möglichst kreative Lösung entwerfen möchte. Schreiben Sie alle Ihre Ideen auf (auch wenn sie im ersten Moment seltsam oder absurd erscheinen).

- **Funktionsfokus:**
  Lenken Sie Ihren Fokus bei der Lösung Ihrer Probleme auf gut funktionierende Dinge. Überlegen Sie, was schon gut funktioniert und wie Sie von dort aus weiterarbeiten können.

- **Wunderfrage:**
  Stellen Sie sich vor, dass Sie schlafen gehen und über Nacht passiert ein Wunder. Am nächsten Morgen ist Ihr Problem gelöst. Woran würden Sie merken, dass Ihr Problem gelöst ist? Wie würde es Ihnen gehen? Diese Wunderfrage von Steve de Shazer soll dazu dienen, weg vom Problemdenken, hin zur Lösung zu kommen. Er formuliert ein bildhaftes Beispiel, dass wir bei einem Hausbrand nicht fragen, woher das Feuer kommt, sondern wie wir aus dem Haus rauskommen.

> *„In der Luxuslimousine fährt jeder gerne mit.*
> *Aber du brauchst Menschen, die mit dir Bus fahren,*
> *wenn die Limousine liegen bleibt."* **Oprah Winfrey**

8 – Orientieren-Faktor: Soziale Unterstützung

Probleme sind manchmal nach einer halben Stunde nur noch halb so groß. Wie bitte? Wie soll das gehen? Sie kennen es alle: Sie telefonieren 30 Minuten mit der besten Freundin oder gehen mit einem Kollegen Mittagessen und schwups – ist der Ärger über den Chef nur noch halb so groß oder die Enttäuschung vom letzten Date gar nicht mehr so schlimm. Wir brauchen Menschen und Menschen brauchen uns. Sie trösten uns, wenn wir traurig sind, sie helfen uns, wenn wir Hilfe brauchen, sie hören uns zu, wenn wir jemanden zum Zuhören brauchen, und sie geben uns Rat, wenn wir ratlos sind. Menschen sind nicht zum Alleinsein gemacht. Wir sind soziale Wesen. Natürlich gibt es individuelle Unterschiede. Einige brauchen andere mehr, manche kommen gut mit sich allein zurecht. Aber spätestens, wenn unser Leben aus den Fugen gerät, brauchen wir Menschen, die uns auffangen und durch die Krise tragen.

Soziale Unterstützung ist einer der am besten belegten Resilienz-Faktoren. Es gibt zahlreiche Studien, die aufzeigen, dass soziale Unterstützung ein wichtiger Faktor für die psychische Gesundheit ist. Familie, Freunde, Kollegen, Bekannte, Nachbarn … sie alle können eine soziale Unterstützung für uns sein.

In dem oben genannten Zitat von Oprah Winfrey wird es so wunderbar auf den Punkt gebracht: Es ist entscheidend, wer für mich da ist, wenn mein Leben auseinanderfällt. Wer geht mit mir die schwierigen Zeiten durch. Das sind die Menschen, die in Krisen und schwierigen Situationen in unserem Leben eine tatsächliche verlässliche soziale Unterstützung bieten.

Ist Ihr Netzwerk geschlossen oder offen für Erweiterung?

Wie sitzen Sie in der S-Bahn? Wie warten Sie beim Arzt im Wartezimmer? Wie kommunizieren Sie mit neuen Kollegen? Sind Sie offen dafür, neue Kontakte zu knüpfen, oder beschäftigen Sie sich lieber mit Ihrem Smartphone? Bei privaten und beruflichen Problemen hilft uns oft unser Netzwerk. Ein Netzwerk, das Ihnen soziale Unterstützung bietet, bedeutet mehr, als nur einige gute Freunde zu haben. Es zeichnet sich dadurch aus, dass Sie Menschen kennen, die Ihnen dabei helfen können, Probleme zu lösen. Wissen Sie, wen Sie anrufen und um Feedback bitten, wenn Sie eine neue Idee haben? Kennen Sie bei den meisten Anliegen jemanden, der jemanden kennt, der jemanden kennt …? Manchmal kommen Menschen ins Leben, mit denen man nicht rechnet. Und andere, mit denen man für immer gerechnet hat, verschwinden. Wichtig ist, dass Sie Ihr Netzwerk niemals schließen, frei nach dem Motto: „Die sind da und damit ist gut." Besser ist es, wenn Ihr Netzwerk offen bleibt. Das heißt einerseits offen für Neuzugänge, andererseits können Menschen auch wieder aus dem Netzwerk verschwinden.

Holen Sie sich Hilfe, wenn Sie Hilfe brauchen?

Vielleicht geht es Ihnen manchmal wie mir. Ich tue mich schwer damit, mir Hilfe zu holen. Ich bin es gewohnt, Dinge allein zu schaffen und zu stemmen. So bin ich groß geworden. So wurde ich auch erfolgreich. Doch in den letzten Jahren ist mir immer mehr bewusst geworden, dass es keine Schwäche ist, sich Hilfe zu holen. Im Gegenteil: Es ist eine Stärke. Wenn ich ein Problem nicht allein lösen oder eine Situation nicht allein bewältigen kann, können andere Menschen Problemlöser und Orientierungshilfe sein. Deshalb ist es wichtig, dass wir trotz aller Eigenständigkeit um Hilfe bitten, wenn wir sie brauchen. Das erfordert von uns die Fähigkeit, anderen zu vertrauen. Ihnen Dinge anzuvertrauen und auch darauf zu vertrauen, dass sie nichts weitererzählen oder ausnutzen. Sie sind enttäuscht worden in der Vergangenheit? Herzlichen Glückwunsch, damit gehören Sie zur Mehrheit. Enttäuschungen sind keine Ausnahme, sie gehören dazu. Es wird immer wieder Menschen geben, die uns enttäuschen. Aber wenn wir diese Enttäuschungen nicht riskieren, werden wir niemals verstehen, was echte Beziehungen ausmacht.

Was heißt **Soziale Unterstützung** für Sie?

Wie schätzen Sie Ihre aktuelle Kompetenz ein, soziale Unterstützung zu haben und zu nutzen?

Lesen Sie die Beschreibungen der drei Kompetenz-Niveaus durch und kreuzen Sie an, wie Sie sich aktuell einschätzen. Eine Orientierung gibt Ihnen Ihr Selbsteinschätzungs-Ergebnis (Orientieren) von Seite 25.

Wo stehen Sie?	Kompetenz-Niveau	Daran erkennen Sie das Niveau Ihrer Kompetenz, verlässliche Beziehungen zu haben
☐	**niedrig**	Sie gehören wahrscheinlich zu den Menschen, denen es schwerfällt, andere um Hilfe zu bitten. Oft fühlen Sie sich mit Problemen allein gelassen und wissen nicht, mit wem Sie Ängste und Sorgen besprechen sollen. Manchmal, wenn es besonders kritisch wird, denken Sie darüber nach, dass die Unterstützung von anderen eine Hilfe wäre, aber dann fehlt vielleicht eine Person, der Sie sich anvertrauen möchten.
☐	**mittel**	Sie wissen, dass die Hilfe von anderen insbesondere in schwierigen Situationen die Problembewältigung erleichtern kann. Trotzdem müssen oder wollen Sie in manchen Situationen Ihre Probleme vermutlich allein lösen. Vielleicht gibt es nicht so viele Personen in Ihrem sozialen Umfeld, auf die Sie sich wirklich verlassen möchten, oder es fällt Ihnen schwer, um Hilfe zu bitten.
☐	**hoch**	Wenn es bei Ihnen kriselt oder wenn Zweifel und Sorgen Sie quälen, gibt es auf jeden Fall jemanden, mit dem Sie das besprechen können. Sie wissen genau, auf wen Sie sich verlassen können, und bekommen Unterstützung von Freunden oder Familie, wenn Sie danach fragen. Durch den Rückhalt fühlen Sie sich gestärkt und wissen, dass jemand für Sie da ist, wenn Sie jemanden brauchen.

Verlässliche Beziehungen haben und nutzen:
Wie Sie sich mehr soziale Unterstützung holen

Soziale Beziehungen stillen das menschliche Grundbedürfnis nach Bindung, Schutz und Sicherheit. Ein stabiles soziales Netzwerk hat einen „Puffereffekt". Die Unterstützung anderer Menschen hilft dabei, negative Auswirkungen eines kritischen Lebensereignisses oder einer Belastung abzufangen.

Warum ist dieser Faktor wichtig?

Soziale Unterstützung gilt als einer der entscheidenden Faktoren für das psychische Wohlbefinden. Wenn ein Mensch weiß, dass er sich auf seine Familie und seine Freunde verlassen kann, kann er besser mit Stress umgehen.

Fünf Reflexionsfragen zur Sozialen Unterstützung

1. Sind Sie grundsätzlich bereit und offen dafür, Ihr soziales Netzwerk zu erweitern?

2. In welchen Situationen machen Sie die Dinge nur mit sich selbst aus?

3. Kommt es öfter vor, dass Sie ein Thema gern mit jemandem durchdenken möchten, aber nicht wissen, wen Sie fragen können?

4. Nehmen Sie sich regelmäßig Zeit, um Ihre Freundschaften und Kontakte zu pflegen? Auch, wenn es anstrengend für Sie ist?

5. Haben Sie Menschen in Ihrem Umfeld, von denen Sie sagen würden, dass sie resilient sind?

So trainieren Sie Ihre soziale Unterstützung

Fünf Freunde: Wer kann Ihnen wann helfen?

Es ist nicht nur wichtig, gute Freunde zu haben. Sie brauchen auch Menschen, die in bestimmten Situationen helfen können. Es stärkt zum Beispiel Ihre Resilienz, wenn Sie jemanden haben, der in finanzieller Not aushelfen kann. Oder einen Babysitter, der hilft, wenn Ihr Partner ins Krankenhaus kommt. Oder jemanden, der beim Haushalt hilft, wenn Sie es nicht (mehr) allein schaffen. Überlegen Sie, ob Sie für jeden entscheidenden Lebensbereich jemanden haben, der helfen kann.

Anwendung: Malen Sie fünf Felder auf ein Blatt Papier. In diese fünf Felder schreiben Sie die folgenden Begriffe und ergänzen jeweils mindestens einen Namen.

Überlegen Sie: Wer kann Ihnen in welchem Bereich helfen? Schreiben Sie die Namen dieser Menschen in die Felder. Wichtig ist, dass Sie am Ende mindestens fünf Freunde (oder Familienmitglieder) notiert haben. Es sollen also verschiedene Personen sein, nicht ein und dieselbe Person in allen Feldern. Sie können auch mehrere Namen pro Feld notieren. Wenn Sie sich dann das Blatt ansehen, erkennen Sie, welche Bereiche Ihnen fehlen und welche gut ausgebaut sind.

Hinweis: Ausbalancierte soziale Unterstützung besteht immer aus Geben und Nehmen. Drehen Sie die Übung um: Für wen sind Sie eine Unterstützung, in welchem Feld könnten Sie stehen?

Weitere Strategien, um Ihre soziale Unterstützung zu trainieren

- **Netzwerk-Challenge:**
  Nehmen Sie sich jeden Freitag 15 Minuten Zeit, die Sie in einen Menschen aus Ihrem Netzwerk investieren: Rufen Sie ihn an, schicken Sie ihm eine WhatsApp-Nachricht oder Ähnliches.

- **Nutzen Sie die Selbstoffenbarung:**
  Eine Möglichkeit, mit der Sie den Kontakt zu anderen Menschen vertiefen können, ist die Selbstoffenbarung. Das heißt, Sie berichten über Schwächen. Teilen Sie etwas, das Sie in der Regel mit sich selbst ausmachen, mit einem Freund und schauen Sie mal, was passiert.

- **Umgeben Sie sich mit positiven Menschen:**
  Die Stimmung unserer Umgebung hat Einfluss auf uns. Orientieren Sie sich an Menschen, die positiv aufs Leben schauen.

- **Erzählen Sie von schönen Erlebnisse:**
  Leben Sie nach dem Motto „Glück ist das Einzige, das sich verdoppelt, wenn man es teilt" und achten Sie darauf, Ihre Freunde und Bekannte nicht als Sorgenfresser zu benutzen, sondern sie auch an Ihrem Glück teilhaben zu lassen.

- **Sorgen Sie für gemeinsame Erlebnisse:**
  Gemeinsame Erlebnisse schweißen zusammen. Einer muss es in die Hand nehmen – warum nicht Sie? Organisieren Sie in regelmäßigen Abständen gemeinsame Treffen. Es muss kein großes Event sein, das Wichtigste ist, dass Sie zusammen sind.

> *„Lehrt euren Kinder nicht einfach nur das Lesen.*
> *Lehrt sie, das Gelesene zu hinterfragen.*
> *Lehrt sie, alles zu hinterfragen."*
> **George Carlin**

9 – Verstehen-Faktor: Kausalanalyse

Wenn Kinder größer werden und die Welt um sich herum stärker wahrnehmen, fangen sie an, eine konkrete Frage zu stellen: „Warum?" Bei allen denkbaren und undenkbaren Themen. Meistens reicht eine Antwort nicht aus. Auf die Antwort kommt dann erneutes: „Warum?" Daher kommen fast alle Eltern irgendwann an den Punkt, die Frage mit „Darum", mit „Das ist halt so" oder Ähnlichem zu beantworten. „Wir können nicht ins Schwimmbad." „Warum?" „Weil die Stadt das nicht erlaubt." „Warum?" „Weil sie das so entschieden hat wegen Corona." „Warum?" … So geht es immer weiter. Und häufig stellen wir fest: Wir wissen es genauso wenig wie das Kind. Neugier ist uns Menschen angeboren – manchen mehr, anderen weniger. Wir wollen verstehen, was in der Welt passiert. Viele Erwachsene haben diese Eigenschaft jedoch verloren. Sie nehmen vieles als gegeben hin. Dabei ist die Frage nach dem Warum entscheidend, um Probleme und deren Ursachen in unserem Leben zu verstehen.

Kausalanalyse ist die Fähigkeit, Situationen zu analysieren und die Ursachen dafür zu identifizieren. So können wir lernen, in Zukunft zu vermeiden, dass Probleme (erneut) entstehen.

Kausalanalyse beinhaltet auch die Bereitschaft, ein Problem zu analysieren. Zeit dafür zu investieren. Es gründlich anzuschauen, um so eine treffende Schlussfolgerung zu ziehen. Menschen, die diese Bereitschaft und dann auch die Fähigkeit haben, werden denselben Fehler nicht wieder und wieder machen. Doch wie funktioniert das in der Praxis?

Selbstreflexion ist die Grundlage, Selbstkritik gehört dazu

Kausalanalyse setzt die Fähigkeit voraus, selbstreflektiert zu handeln und innere Überzeugungen zu prüfen. Selbstreflexion kann auch als die Frage nach dem eigenen Ich aufgefasst werden. Dabei liegt der Fokus der Analyse nicht nur auf dem eigenen Denken, sondern auch auf den Auswirkungen des eigenen Verhaltens und darauf, schon im Voraus einzuschätzen, was das eigene Handeln mit sich bringt. Sich selbst zu reflektieren, bedeutet also, über sich selbst und die eigene Situation nachzudenken, indem man eine gewisse Distanz einnimmt und sein eigenes Denken, Fühlen und Handeln analysiert und hinterfragt. Dazu gehört auch Selbstkritik, das kritische Beurteilen des eigenen Denkens und Handelns. Immer mit dem Ziel, mehr über sich selbst herauszufinden.

Kausalanalyse unterstützt Sie bei der Problemlösung

Im Alltag begegnen wir unterschiedlichsten Problemen. Eines haben alle Probleme gemeinsam: Sie lösen sich selten von allein und es braucht eine Kausalanalyse, um eine passende Lösung zu finden. Nur wenn Sie wissen, welche Ursachen ein Problem hat und wie genau es zustande gekommen ist, können Sie einen passenden Lösungsweg finden. Auch wer viele Lösungsideen hat, löst die Probleme nicht zwangsläufig langfristig oder wirksam. Genau hier kommt die Kausalanalyse ins Spiel. Der erste Schritt ist immer, zu verstehen, wie ein Problem entstanden ist, welche Faktoren eine Rolle spielen und welche sich eventuell gegenseitig beeinflussen. Wenn wir das wissen, können wir im zweiten Schritt überlegen, wo wir ansetzen können, um das Problem zu lösen. Im gesamten Problemlöseprozess müssen wir also mehrere Kausalanalysen durchführen und immer wieder objektiv überlegen, wie das Problem entstanden ist.

Was heißt **Kausalanalyse** für Sie?

Wie schätzen Sie Ihre aktuelle Kompetenz ein, Situationen kausal zu analysieren?

Lesen Sie die Beschreibungen der drei Kompetenz-Niveaus durch und kreuzen Sie an, wie Sie sich aktuell einschätzen. Eine Orientierung gibt Ihnen Ihr Selbsteinschätzungs-Ergebnis (Verstehen) von Seite 25.

Wo stehen Sie?	Kompetenz-Niveau	Daran erkennen Sie das Niveau Ihrer Kompetenz, Situationen kausal zu analysieren
☐	**niedrig**	Vermutlich machen Sie immer wieder ähnliche Fehler. Zu spät bemerken Sie dann, dass der Fehler jedes Mal durch ähnliche Umstände ausgelöst wird. Es fällt Ihnen schwer, verschiedene Ursachen zusammenzubringen und zu erkennen, wie sie sich gegenseitig bedingen. Deshalb stecken Sie häufig in kontraproduktiven Automatismen fest und es gelingt Ihnen nur schwer, sich von eingeschliffenen Gewohnheiten zu verabschieden.
☐	**mittel**	Je nachdem, wie verzwickt die Situation ist, gelingt es Ihnen mehr oder weniger gut, die Ursachen herauszufinden und die Situation gegebenenfalls zu verändern. Besonders bei immer wiederkehrenden Fehlern haben Sie vermutlich Schwierigkeiten, die Ursachen genau zu identifizieren. Das ist aber ein Schlüssel dazu, besonders eingefahrene Fehler zukünftig zu vermeiden.
☐	**hoch**	Sie können Situationen mithilfe bestimmter Strategien analysieren und wissen, welche Ursachen eine Situation hat. Bei der Analyse berücksichtigen Sie unterschiedliche Aspekte und beachten auch Wechselwirkungen zwischen verschiedenen Ursachen. Das führt dazu, dass Sie meistens wissen, wie Sie Probleme angehen können, weil Sie die Ursachen kennen. So gelingt es Ihnen auch, wiederkehrende Fehler zu vermeiden.

Situationen analysieren und Ursachen identifizieren: Steigern Sie Ihre Kausalanalyse

Kausalanalyse beschreibt die Fähigkeit, schwierige Situationen zu analysieren und die Gründe für ihr Zustandekommen richtig zu ermitteln. Sie hilft uns auch dabei, Zusammenhänge zwischen verschiedenen Aspekten der Situation zu erkennen, und gibt uns so die Möglichkeit, Situations-Reaktions-Ketten zu durchbrechen. Voraussetzung dafür ist ein hohes Maß an Reflexionsfähigkeit sowie der Wille und die Fähigkeit, innezuhalten, um den Ursachen auf den Grund gehen zu können.

Warum ist dieser Faktor wichtig?

Durch die strukturierte Analyse von Situationen und das Ermitteln der richtigen Ursachen lässt sich vermeiden, immer wieder die gleichen Fehler zu machen. Zudem wird so verhindert, dass Kraft für Dinge verschwendet wird, die sich sowieso nicht ändern lassen.

Fünf Reflexionsfragen zur Kausalanalyse

1. Denken Sie an ein aktuelles Problem: Welche Ursachen könnte es haben? Hängen diese zusammen?

2. Welche Herausforderungen sind für Sie am größten? Finanzen? Berufliches? Gesundheitliches? Ihre Beziehung? Wofür brauchen Sie Ihre Kraft immer wieder?

3. Überlegen Sie, was Ihnen dabei hilft, schwierige Situationen zu analysieren: Ist es ein Freund oder Ihr Partner? Ist es ein bestimmter Prozess? Oder ist es eher das Aufschreiben?

4. Tendieren Sie dazu, den Fehler bei sich zu suchen?

5. Nehmen Sie sich Zeit und überlegen Sie: Warum waren Sie in einer Situation erfolgreich? Warum haben Sie etwas gut gelöst?

So trainieren Sie Ihre Kausalanalyse

Warum-5-Methode: Fragen Sie immer mindestens fünfmal nach dem Warum

In schwierigen Situationen fällt es oft schwer, den Blick auf die Problemlösung zu richten, da wir eher damit beschäftigt sind, uns zu ärgern oder zu sorgen. Die Warum-5-Methode hilft dabei, den Fokus zu ändern und eine machbare Lösung zu finden. Sie kann für kleinere Probleme wie „Warum gehen meine Pflanzen so oft ein?" genutzt werden, aber auch für das Hinterfragen von Gewohnheiten wie „Warum gehe ich nicht früher ins Bett, obwohl ich weiß, dass es gut für mich wäre?".

Anwendung: Fragen Sie das nächste Mal, wenn Sie auf ein Problem stoßen, fünfmal nach dem Warum. Schauen Sie erst dann, was die Problemlösung sein könnte. Wichtig ist, dass dieses Methode eher für „einfache" Alltagsprobleme geeignet ist, weniger für komplexe Lebensfragen.

Beispiel: Sie sind Marketingmanager und sollen einen YouTube-Kanal starten.

1. Warum schaffe ich es nicht, das Projekt anzugehen? – Weil ich einfach keine Zeit dafür habe.
2. Warum? – Weil ich mich ausführlich in die Videosoftware einarbeiten muss und dafür Zeit brauche.
3. Warum? – Weil ich mich schwer damit tue, mir das über Tutorials anzutrainieren.
4. Warum? – Weil ich leichter lerne, wenn mir jemand hilft, alles einzurichten.
5. Warum? – Weil ich so schnell anfangen kann und nicht das Gefühl habe, alles falsch zu machen.

Lösung: Den Chef um einen Tag Videocoaching bei einem Experten bitten.

Weitere Strategien, um Ihre Kausalanalyse zu trainieren

- **Der tägliche Automatismen-Check:**
  Machen Sie einen täglichen Automatismen-Check. Was ist damit gemeint? Wir alle laufen immer wieder Gefahr, in Routinen und Automatismen gefangen zu sein und dadurch passieren uns immer wieder dieselben unerwünschten Handlungen/Konsequenzen. Beispiel: In Ihrem Unternehmen gibt es einen Korb mit Süßigkeiten. Sie wollen eigentlich keine davon essen, doch immer wieder passiert es Ihnen, dass Sie auf dem Weg zur Toilette noch kurz daran vorbeigehen und doch reinfassen. Diese unerwünschten Ketten gilt es zu durchbrechen. Doch dafür müssen Sie sie zunächst einmal kennen. Schreiben Sie sich über ein bis zwei Wochen jeden Tag all diese typischen Alltagsfallen auf. Dann können Sie mit den anderen Methoden daran arbeiten, sie zu durchbrechen.
- **Ursachen-Ketten:**
  Wenn Sie ein Problem haben, schreiben Sie sich alle Ursachen, die Ihnen dafür einfallen, auf und überlegen Sie, welche wie zusammenhängen. Häufig liegt die Lösung darin, mehrere Ursachen zu beheben.
- **Treffen Sie Grundsatzentscheidungen:**
  Häufig haben wir ähnliche Probleme in ähnlichen Lebensbereichen (z. B. Finanzen/Ernährung). Wenn Sie einmal eine Grundsatzentscheidung treffen (z. B. ich gebe nur noch Geld aus, wenn es notwendig ist / ich esse keinen Nachtisch), sparen Sie Zeit und Energie und lösen mehrere Probleme gleichzeitig.
- **Naturwissenschaftliche Beobachtung:**
  Wenn ein Naturwissenschaftler einen Versuch macht, beschreibt er seine Beobachtungen möglichst detailliert und ganz neutral. Erst danach deutet er sie. Genau dieses Vorgehen braucht es bei der Kausalanalyse. Statt voreilige Schlüsse zu ziehen, geht es erst einmal um eine möglichst neutrale, wertfreie Beobachtung und Beschreibung. Folgende Fragen helfen: Was ist das Problem? Wie kam es zum Problem? Wer ist betroffen?
- **Analysezeit:**
  Wenn etwas gut läuft, betrachten wir das oft als selbstverständlich. Nehmen Sie sich, auch nachdem Sie ein Problem gemeistert haben, bewusst Zeit, um zu analysieren, warum Sie es geschafft haben.

> *„Einfühlungsvermögen?*
> *Das Vermögen, das sich am besten verzinst."* **Günter Radtke**

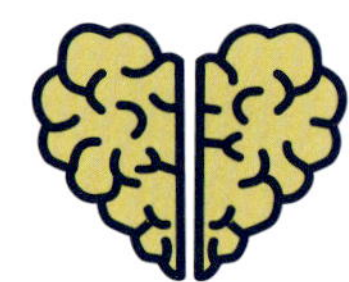

10 – Verstehen-Faktor: Empathie

Stellen Sie sich vor, Sie wachen eines Morgens auf und können plötzlich die Gedanken der anderen Menschen hören. Sie merken, dass die Frau beim Bäcker Sie gar nicht witzig findet, auch wenn sie lacht. Sie hören beängstigende Gedanken von Menschen, die sich Sorgen um ihr Leben machen. Sie verstehen nun, warum der junge Mann abends immer so lange auf derselben Bank sitzt: Er hat Angst, nach Hause zu gehen, weil seine Frau ihn vor Kurzem verlassen hat. So oder so ähnlich würde es uns ergehen, wenn wir vollkommen empathisch durch die Welt gehen könnten. Wir könnten uns in die Gedanken- und Gefühlswelt anderer problemlos hineinversetzen.

Je empathischer wir sind, desto einfacher und klarer wird die Welt für uns, weil wir sie besser verstehen. Empathie ist die Fähigkeit, die Gefühle anderer Menschen richtig zu deuten und nachempfinden zu können. Wenn Sie diese Fähigkeit besitzen, können Sie sich unter Menschen besser zurechtfinden. Sie wissen schneller, was Sie erwartet. Empathie ist eine wichtige soziale Kompetenz. Sie hilft Ihnen bei der Konfliktlösung, in persönlichen Beziehungen und interessanterweise auch bei Ihrem wirtschaftlichen Erfolg.

Wenn Sie emphatisch sind, sind Sie wie ein Geschichtensammler. Sie hören zu, versuchen zu verstehen, nachzuempfinden und bekommen so ein ganzheitlicheres Bild über eine Person, ihre Situation und Herausforderungen. Sie verstehen, wie sie denkt, wie sie fühlt und was sie triggert. So erkennen Sie irgendwann auch, wie diese Person reagiert, wenn sie verletzt ist oder verzweifelt ist. Mit diesem Wissen wiederum, werden Sie anders mit Menschen umgehen, weil sie ihre Situation besser nachempfinden können.

Der Schlüssel liegt darin, Veränderungen zu erkennen

Wenn Sie empathisch sind, bemerken Sie kleine Veränderungen. In der Körpersprache, in der Mimik, im Verhalten. Es sind kleine Hinweise darauf, dass sich etwas verändert hat, dass eine Emotion aufgetaucht ist, die vorher nicht da war. Sie erkennen diese Signale und interpretieren sie dann.

Drei Arten der Empathie

Wir wissen aus der Forschung, dass Empathie wichtig für Führungskräfte ist. Sie brauchen diese Fähigkeit, um auf ihr Team und ihre Mitarbeiter einzugehen. Empathie ist außerdem ein zentraler Faktor, wenn es darum geht, verlässliche soziale Beziehungen aufzubauen. Wenn Sie empathisch sind, wird das leichter, weil Sie viel besser spüren, was der andere braucht. Auch Verkäufer sind erfolgreicher, wenn sie empathisch sind, weil sie wissen, wann sie schweigen müssen und wann sie weiterreden können. Empathie ist ein breit gefächertes Konzept und lässt sich in drei verschiedene Bereiche aufteilen:

- **Kognitive Empathie:** Ich kann die Sichtweise anderer verstehen.
- **Emotionale Empathie:** Ich kann mich in die Gefühlslage anderer hineinversetzen.
- **Empathische Zuwendung:** Ich spüre, was mein Gegenüber braucht.

Empathie heißt auch: Sie passen Ihr Verhalten an

Bei der Empathie richten Sie zunächst den Fokus auf die Wahrnehmung des anderen. Das kann aber im zweiten Schritt auch bedeuten, dass Sie Ihr Handeln verändern. Wenn Sie gerade den größten Erfolg Ihrer Karriere erlebt haben, Ihrem Kollege aber gekündigt wurde, werden Sie ihm Ihren Erfolg nicht sofort lautstark verkünden. Vorausgesetzt, Sie handeln empathisch.

Was heißt **Empathie** für Sie?

Wie schätzen Sie Ihre aktuelle Kompetenz ein, empathisch zu sein?
Lesen Sie die Beschreibungen der drei Kompetenz-Niveaus durch und kreuzen Sie an, wie Sie sich aktuell einschätzen. Eine Orientierung gibt Ihnen Ihr Selbsteinschätzungs-Ergebnis (Verstehen) von Seite 25.

Wo stehen Sie?	Kompetenz-Niveau	Daran erkennen Sie das Niveau Ihrer Kompetenz, empathisch zu sein
☐	**niedrig**	Häufig fällt es Ihnen schwer, zu erkennen, wie sich jemand fühlt oder warum bei jemandem die Stimmung scheinbar plötzlich kippt. In einer Gruppe merken Sie selten, dass sich jemand nicht wohlfühlt. Das führt immer wieder dazu, dass Sie die Reaktionen anderer Menschen nicht nachvollziehen können. Es ist möglich, dass es Ihnen deshalb schwerer als anderen Menschen fällt, vertrauensvolle Beziehungen aufzubauen oder zu halten.
☐	**mittel**	Bei nahestehenden Personen fällt es Ihnen relativ leicht, Gefühle und Bedürfnisse nachzuempfinden. Auch starke Stimmungswechsel erkennen Sie oft sofort. Wenn jemand seine Emotionen weniger stark zeigt oder Ihnen weniger nahesteht und der Stimmungswechsel weniger auffällig ist, fällt Ihnen das Erkennen vermutlich schwerer.
☐	**hoch**	Sie gehören zu den Menschen, die Gefühle und Bedürfnisse anderer auch ohne viele Worte verstehen. In einer Gruppe merken Sie, wenn es jemandem schlecht geht. Sie erkennen Stimmungswechsel bei anderen viel schneller als die meisten Menschen. Es fällt Ihnen leicht, Gefühle anderer nachzuempfinden, und Sie reagieren in der Regel angemessen auf die emotionalen Bedürfnisse anderer Menschen, und zwar ganz intuitiv.

Sich in andere Menschen hineinversetzen: Steigern Sie Ihre Empathie

Empathie ist die Fähigkeit und Bereitschaft, andere Menschen zu verstehen. Das bedeutet, dass Sie sich in die emotionale Lage anderer hineinversetzen und deren Freude, Trauer oder Wut nachvollziehen können. Es bedeutet auch, dass Sie auf verbale und nonverbale Äußerungen achten, um mehr Verständnis für Ihr Gegenüber zu entwickeln.

Warum ist dieser Faktor wichtig?

Empathie hilft dabei, die richtigen Worte zu wählen und angemessen zu reagieren. Dadurch können Sie Situationen lenken und Beziehungen gestalten.

Fünf Reflexionsfragen zur Empathie

1. In welchen Situationen fällt es Ihnen schwer, die Bedürfnisse und die Gefühle anderer zu verstehen?

2. Wie gut erkennen Sie Gefühlszustände bei Menschen? Gibt es Unterschiede bei Männern und Frauen?

3. Wenn Sie die Gefühlslage von einem Charakter aus einem Film oder einer Serie deuten und interpretieren sollten: Welchen würden Sie wählen und warum fällt es Ihnen bei dieser Figur besonders leicht?

4. Erinnern Sie sich zurück an das letzte Mal, als Sie eine emotionale Gefühlslage bei einem anderen Menschen völlig falsch eingeschätzt haben. Was für eine Situation war das und was haben Sie daraus gelernt?

5. Welche Gefühlslagen fallen Ihnen bei Menschen auf der Straße, in Cafés oder in öffentlichen Verkehrsmitteln auf?

So trainieren Sie Ihre Empathie

Spieglein, Spieglein an der Wand ... Fühlen Sie sich in andere ein

Empathisch zu sein, bedeutet gewissermaßen, wie ein Spiegel zu agieren. Ein Spiegel liefert ein mehr oder weniger wahrheitsgetreues Bild von dem, was vor den Spiegel kommt. Wenn Sie empathisch sind, lernen Sie, sich in Menschen hineinzuversetzen und auch ein Stück weit zu lesen, wie der andere sich fühlt – ohne explizit mit ihm darüber zu sprechen. Sie „lesen" also im Verhalten anderer über ihre Gefühle und ihr Befinden. Das können Sie üben.

Anwendung: Für diese Übung brauchen Sie einen Freiwilligen. Setzen Sie sich einander gegenüber und schauen Sie sich eine Minute lang schweigend an. Versuchen Sie, zu lesen, welche Gefühle oder Befindlichkeit Sie bei der Person erkennen. Zum Beispiel: Trauer oder Freude? Peinliches Berührtsein oder Glück? Nach einer Minute nehmen Sie sich kurz Zeit und schreiben auf, was Sie gesehen haben. Teilen Sie das mit der anderen Person und bitten Sie sie darum, Ihnen Feedback zu geben, was davon zutrifft und was nicht. Diese Übung können Sie auch so machen, dass beide Parteien den anderen „analysieren". Dann ist sie noch effektiver.

Weitere Strategien, um Ihre Empathie zu trainieren

- **Imitation:**
Versetzen Sie sich in die Lage von anderen hinein, und das sogar aktiv: Imitieren Sie die Sprechweisen und das Lachen, den Gesichtsausdruck und die Körperhaltung. Schon nach kurzer Zeit können Sie Denkweisen besser nachvollziehen. Die Körperhaltung sagt viel über unseren Gefühlszustand aus. Das kann Ihnen mehr eröffnen, als wenn Sie das Gesagte interpretieren.

- **Trainieren Sie Ihre Gegenwartsfähigkeit (Achtsamkeit):**
Wir sind oft gedanklich bei dem, was war, oder dem, was kommt, und wenig bei dem, was ist. Lassen Sie sich bewusst voll auf andere Menschen ein. Kein Smartphone oder Ähnliches. Nur der Mensch.

- **Empathie-Spion:**
Beobachten Sie fremde Menschen. Schalten Sie dabei teilweise wie in einem Spielfilm den Ton ab und überlegen Sie, was Ihnen Mimik und Gestik verraten. Überprüfen Sie regelmäßig, ob Sie intuitiv richtig gelegen haben. Erkundigen Sie sich nach den Gefühlen anderer, etwa so: „Ich kann mir vorstellen, dass Sie das verärgert hat."

- **Bodyswitch:**
Sie kennen Filme, in denen Menschen morgens in einem anderen Körper aufwachen und so lernen, den anderen besser zu verstehen. Versuchen Sie, wenn Sie als Empathie-Spion unterwegs sind, gedanklich ebenfalls einen solchen Bodyswitch zu vollziehen und sich in den anderen „hineinzuspüren".

- **Geschichtensammler:**
Was braucht es, um eine gute Geschichte zu erzählen? Es braucht Details auf mehreren Ebenen. Häufig ist es so, dass wir Menschen zuhören, aber dann selbst weiterreden. So kommt ein Gespräch zustande. Versuchen Sie, Ihr zuhören so zu erweitern, dass Sie Menschen durch Fragen ermutigen Ihnen Geschichten bis ins kleinste Detail zu erzählen. So, als würden Sie danach eine Geschichte darüber schreiben wollen. So finden Sie mehr heraus, als Sie das normalerweise würden.

„Tu, was du kannst, mit dem, was du hast, dort, wo du bist."

Theodore Roosevelt

Resilienz und Persönlichkeit

Ich habe Ihnen nun bereits viele Methoden und Techniken der Resilienz vorgestellt. Doch diese Strategien funktionieren nicht automatisch bei jedem gleich gut – das können sie gar nicht. Schließlich hat jeder Mensch eine einzigartige Persönlichkeit, individuelle Stärken und Abneigungen, einen ganz eigenen Zugang zum Ich. Genau das macht Resilienz so spannend.

Wenn Sie innere Stärke und psychische Widerstandsfähigkeit entwickeln möchten, bedeutet das, dass Sie sich mit den zehn Faktoren der Resilienz auseinandersetzen und Verantwortung für Ihr Denken, Fühlen und Handeln übernehmen müssen. Nur wenn Sie Ihre eigenen Stärken kennen und an Ihre Fähigkeiten glauben, können Sie die Herausforderungen des Lebens meistern. Je besser Sie sich kennen, desto klarer erkennen Sie Ihre Stärken. Und desto klarer erkennen Sie auch Ihre Begrenzungen. Das gilt auch – oder sogar ganz besonders – für das Thema Resilienz.

Herausforderungen meistern und auf Veränderungen reagieren fällt manchen Menschen schwerer und anderen leichter. Einige resilienzrelevante Eigenschaften sind tief in der Persönlichkeit verankert und erleichtern oder erschweren es, Resilienz-Kompetenz zu erwerben oder zu entwickeln. Andere haben wir durch unsere Erziehung gelernt. Diese sind ebenfalls tief in uns verankert, triggern uns in bestimmten Situationen und sorgen dafür, dass wir uns so verhalten, wie wir uns verhalten.

Ich bin davon überzeugt: Resilienz lässt sich trainieren – unabhängig davon, wie Ihre Persönlichkeit ist. Doch es hilft, zu wissen, was Ihnen grundsätzlich eher schwer und tendenziell eher leichtfällt. Mit diesem Wissen können Sie noch effektiver an Ihrer Persönlichkeit und damit an Ihrem Weg zu mehr Resilienz ansetzen.

Deshalb haben wir bei persolog® für Sie einen Test zur Selbsteinschätzung entwickelt, mit dem Sie herausfinden, welcher Resilienz-Typ Sie sind. Im Anschluss finden Sie dann auf Ihre Persönlichkeit bezogene Tipps rund um das Thema Resilienz.

Welcher Resilienz-Typ sind Sie? 3 Schritte zu Ihrem Schnell-Check

Schätzen Sie sich selbst ein: Jede der zehn Wortgruppen des Fragebogens besteht aus vier Adjektiven. Entscheiden Sie sich in jeder Wortgruppe für das Adjektiv, das Sie am ehesten beschreibt, und vergeben Sie für dieses 4 Punkte. Anschließend entscheiden Sie sich für das Adjektiv, das Ihnen am wenigsten entspricht, und vergeben 1 Punkt. Zuletzt vergeben Sie Punkte für die beiden dazwischenliegenden Adjektive: 3 Punkte für das, was am zweitbesten zu Ihnen passt, 2 Punkte für das Adjektiv, der Sie am zweitwenigsten beschreibt.

Rubbeln Sie V, N, S und P frei: Tragen Sie Ihre Punkte in die Spalten „Punkte" ein. Anschließend nehmen Sie eine Münze und rubbeln die Kästchen der Spalten „Dimension" frei. Die Buchstaben V, N, S und P werden sichtbar.

Auswerten: Folgen Sie im Anschluss der Auswertungsanleitung auf Seite 113.

Los geht's auf der nächsten Seite mit Ihrem Schnell-Check …

Der Schnell-Check:
Welcher Resilienz-Typ sind Sie?

Welcher Begriff entspricht Ihnen am ehesten, wenn es für Sie schwierig wird? Bilden Sie pro Vierer-Wortgruppe eine Rangfolge von 4 („trifft am ehesten auf mich zu") bis 1 („trifft am wenigsten auf mich zu"). Tragen Sie jeweilige Punktzahl bei „Punkte" ein. Rubbeln Sie danach die Spalten „Dimensionen" mit einer Münze frei.

	Punkte	Dimensionen		Punkte	Dimensionen
optimistisch			ergebnisorientiert		
selbstsicher			beständig		
genau			enthusiastisch		
harmonisch			selbstdiszipliniert		
nachdenkend			positiv		
kontaktfreudig			risikofreudig		
zuhörend			zurückhaltend		
wagemutig			unterstützend		
geduldig			kritisch		
spontan			impulsiv		
entscheidungsfreudig			zuverlässig		
kontrolliert			zielorientiert		
bestimmend			gesellig		
sorgfältig			unauffällig		
teamfähig			furchtlos		
begeistert			strukturiert		
vertrauensvoll			hartnäckig		
analytisch			überzeugend		
beliebt			planend		
kraftvoll			vermittelnd		

Analysieren Sie Ihren Resilienz-Typ

Sie haben den Schnell-Check ausgefüllt und die Spalten Dimension freigerubbelt. Zählen Sie nun Ihre Punkte je Dimension zusammen. Jetzt geht es darum, Ihren Resilienz-Typ zu identifizieren.

Schritt 1: Füllen Sie die Auswertungsbox „Resilienz-Typ" aus.
Übertragen Sie die Anzahl der Punkte vom Schnell-Check in die Tabelle.

Resilienz-Typ	**Typ 1**	**Typ 2**	**Typ 3**	**Typ 4**
Gesamtsumme der vergebenen Punkte (Quersumme muss 120 sein)	V	N	S	P
Die vier Resilienz-Typen	**Vorreiter**	**Netzwerker**	**Stabilisator**	**Perfektionist**

Schritt 2: Erkennen Sie Ihren Resilienz-Typ
Kreisen Sie den Typ (1, 2, 3 oder 4) mit dem höchsten Wert ein. Dieser Resilienz-Typ ist bei Ihnen am stärksten ausgeprägt.

Schritt 3: Lesen Sie die Beschreibung Ihres primären Resilienz-Typs
In der Tabelle auf der folgenden Seite finden Sie eine Spalte, die Ihrem am stärksten ausgeprägten Resilienz-Typ (höchste Punktzahl in der Tabelle) entspricht. Machen Sie sich mit den Inhalten vertraut. Lesen Sie dann die persönlichkeitsbezogenen Tipps ab Seite 116 und überlegen Sie, was Sie umsetzen möchten.

Schritt 4: Machen Sie sich mit den anderen Resilienz-Typen vertraut
Ist bei Ihnen nur ein Punkt hoch ausgeprägt oder sind es mehrere? Sollten Sie in mehreren Spalten hohe Werte (höher 27) haben, kreisen Sie auch diese Resilienz-Typen ein. Denn diese können ebenfalls Einfluss auf Ihre Resilienz haben. Niedrige Werte deuten hingegen darauf hin, dass der entsprechende Typ keine bedeutende Rolle in Ihrer persönlichen Resilienz spielt.

Die 4 Resilienz-Typen

	Typ 1: Vorreiter	**Typ 2: Netzwerker**	**Typ 3: Stabilisator**	**Typ 4: Perfektionist**
Fokus	▮ Sucht neue Herausforderungen ▮ Möchte Erfolge erzielen ▮ Strebt nach Fortschritt ▮ Ergreift Chancen zur Veränderung ▮ Möchte schnelle Ergebnisse	▮ Sucht Akzeptanz und Anerkennung ▮ Möchte Status erzielen ▮ Strebt nach Abwechslung ▮ Ist stark darin, zwischen Menschen zu vermitteln ▮ Es fällt ihm leicht, Gefühle auszudrücken	▮ Sucht Verlässlichkeit durch Freundlichkeit ▮ Mag ein stabiles und vorhersagbares Umfeld ▮ Will andere unterstützen ▮ Möchte zum Wohl anderer handeln ▮ Hinterfragt Dinge, die persönliche Veränderungen erfordern	▮ Möchte perfekte Resultate liefern ▮ Denkt nach, bevor er redet ▮ Ist überempfindlich gegenüber Kritik ▮ Plant sehr sorgfältig ▮ Erledigt Aufgaben präzise
Grundangst	Bezwungen zu werden	Benachteiligt zu werden	Auf sich alleine gestellt zu sein	Kritisiert zu werden
Mögliche Stärken	**Weg 1: Akzeptieren** ▮ Selbstwirksamkeitserwartung ▮ Akzeptanz **Weg 3: Orientieren** ▮ Lösungsorientierung	**Weg 3: Orientieren** ▮ Optimismus ▮ Soziale Unterstützung **Weg 4: Verstehen** ▮ Empathie	**Weg 3: Orientieren** ▮ Soziale Unterstützung **Weg 2: Fühlen** ▮ Impulskontrolle **Weg 4: Verstehen** ▮ Empathie	**Weg 1: Akzeptieren** ▮ Verantwortung **Weg 4: Verstehen** ▮ Kausalanalyse **Weg 2: Fühlen** ▮ Impulskontrolle
Mögliche Ressourcen	▮ Leistungsmotivation ▮ Risikobereitschaft ▮ Visionäres Denken	▮ Offenheit für Neues ▮ Kreativität ▮ Chancendenken	▮ Ausdauer und Geduld ▮ Konsequentes Handeln ▮ Kooperatives Denken	▮ Selbstverpflichtung ▮ Verlockungsresistenz ▮ Rationales Denken

	Typ 1: Vorreiter	Typ 2: Netzwerker	Typ 3: Stabilisator	Typ 4: Perfektionist
Mögliche Schwächen	**Weg 2: Fühlen** ▪ Impulskontrolle **Weg 4: Verstehen** ▪ Empathie ▪ Kausalanalyse	**Weg 1: Akzeptieren** ▪ Akzeptanz **Weg 2: Fühlen** ▪ Impulskontrolle **Weg 4: Verstehen** ▪ Kausalanalyse	**Weg 1: Akzeptieren** ▪ Akzeptanz ▪ Selbstwirksamkeitserwartung **Weg 3: Orientieren** ▪ Lösungsorientierung	**Weg 2: Fühlen** ▪ Positive Emotionen **Weg 3: Orientieren** ▪ Lösungsorientierung ▪ Optimismus
Braucht in Krisen andere, die …	▪ mehr Geduld für komplexere Lösungen aufbringen. ▪ auf die Bedürfnisse der anderen Beteiligten eingehen. ▪ die Impulse des Vorreiters nicht überbewerten und nicht jedes Wort auf die Goldwaage legen.	▪ Probleme ganzheitlich anschauen und sich für Lösungswege entscheiden. ▪ Ruhe und Gelassenheit in eine Situation bringen. ▪ dazu beitragen, dass der Netzwerker die Situation so annehmen kann, wie sie ist.	▪ bei der Lösungsfindung unterstützen. ▪ dabei helfen, das Selbstvertrauen zu stärken. ▪ dazu beitragen, dass die Situation so angenommen wird, wie sie ist.	▪ schnelle Entscheidungen treffen. ▪ Optimismus zeigen und ausstrahlen. ▪ kompromissfähig und flexibel sind.
Zusammenfassung	Hat großes Selbstvertrauen, geht Probleme offensiv an, denkt in alternativen Lösungen und sieht Krisen als Chance für Fortschritt.	Ist beziehungsorientiert und baut Netzwerke. Ist emotional und empathisch. Denkt, dass es irgendwie gut ausgehen wird.	Ist geduldig und bewahrend, zuverlässig und unterstützend. Hat die eigenen Impulse im Griff und interessiert sich für das Gegenüber ehrlich – egal wie klein die Probleme sind.	Hat hohe Maßstäbe und einen hohen Anspruch an sich selbst und andere, ist vorsichtig, risikoscheu und analytisch. Schaut Probleme ganzheitlich an.

Vorreiter – Resilienz-Typ 1

Stärken in der Resilienz

Es liegt in Ihrer Natur, dass Sie ein stabiles Selbstvertrauen haben und alle Herausforderungen im Leben als bewältigbar betrachten. In schwierigen Situationen erleben Sie sich als handlungsfähig. Wenn Sie auf Hindernisse stoßen, dann heißt es für Sie: handeln, und zwar möglichst schnell. Sie sind fest davon überzeugt, dass Sie die Dinge, die Sie anpacken, auch bewältigen und dass Sie den Lauf der Dinge gezielt und in eigener Regie beeinflussen können. In Belastungssituationen fällt es Ihnen leichter als anderen, Ihre Willensstärke zu aktivieren und möglichst lösungsorientiert anstatt problemorientiert an den Sachverhalt zu gehen. Sie vermeiden Grübeleien, Ungewissheiten und Passivität, wenn es darum geht, Wege aus der Krise zu suchen und zu finden. In Ihren Augen würde dies Prozesse verzögern und Entwicklungen verhindern.

Wenn Sie in schwierige Situationen geraten, dann lösen Sie Probleme möglichst selbstständig. Sie stehen hinter Ihren Handlungen und übernehmen volle Verantwortung für die Konsequenzen Ihres Handelns, auch wenn diese mal unbequem sind. Sie wissen, dass Sie selbst – und niemand sonst – für Ihr Denken, Fühlen und Ihr Tun verantwortlich sind.

Tipp: Machen Sie sich bewusst, dass Ihre Art, an Probleme heranzugehen, nicht für alle Menschen so „logisch" ist. Für andere Menschen kann das, was Sie aus dem Ärmel schütteln, harte Arbeit bedeuten.

Herausforderungen in der Resilienz

Sie lieben es, Probleme schnell und unabhängig zu lösen. Doch genau hier liegt auch die Gefahr. Oft steht für Sie das Handeln im Vordergrund, sodass Sie sich weniger Mühe geben, schwierige Umstände auf ihre Entstehungsursache hin zu analysieren und alle Zusammenhänge in ihrer Komplexität in Betracht zu ziehen. Es erscheint Ihnen eher mühsam, dafür Zeit zu investieren, denn eines ist für Sie klar: „Es handelt sich um eine neue Herausforderung und ich muss handeln." Aber vielleicht bleiben dabei wichtige Aspekte unberücksichtigt, die bei der Bewältigung des Problems helfen könnten?

Vermutlich geschieht es oft, besonders in herausfordernden Situationen, dass Sie etwas sagen oder tun, was Sie hinterher bereuen. Impulsives Handeln entspringt aus Ihrer Persönlichkeit und hindert Sie daran, Probleme rational und nüchtern zu betrachten und zu bewerten.

Sie können Belastungen schlechter ertragen, wenn Sie merken, dass Menschen um Sie herum eher mit ihren negativen Emotionen und Gefühlen kämpfen und hadern, anstatt sich mit dem Problem lösungsorientiert auseinanderzusetzen. Es liegt Ihnen nicht besonders, sich in die Stimmungslage anderer hineinzuversetzen und darauf emphatisch zu reagieren.

Tipp: Finden Sie heraus, was genau Sie in schwierigen Situationen „triggert". Häufig sind das ähnliche Themen. Wenn Sie diese kennen, können Sie die Strategien zur Impulskontrolle nutzen, um diese Situationen besser in den Griff zu bekommen.

Netzwerker – Resilienz-Typ 2

Stärken in der Resilienz

Sie gehören grundsätzlich zu den Menschen, die Ihr Umfeld als angenehm empfinden. Sollten Sie Belastungen, kritische Situationen oder sogar Krisen erleben, dann stützen Sie sich bestimmt auf Ihren Optimismus und hoffen, dass sich alles wieder zum Positiven wendet. In solchen Situationen fällt es Ihnen leicht, mit anderen über Ihre Sorgen zu sprechen und gezielt nach Unterstützung zu fragen. Denn durch den Rückhalt fühlen Sie sich gestärkt und wissen, dass jemand für Sie da ist, mit dem Sie sich austauschen können und der Ihnen jederzeit Rat geben kann. Darauf legen Sie besonders Wert.

Wenn schwierige Situationen Sie emotional ziemlich belasten, dann fällt es Ihnen leichter als anderen, eine positive Sichtweise auf das Ganze aufrechtzuerhalten und sich und andere zu ermutigen, auch mal unkonventionelle Wege auszuprobieren.

Ihr Bedürfnis nach Akzeptanz und Zugehörigkeit wird auch in schwierigen Situationen sichtbar – Sie behandeln Ihre Mitmenschen mit Verständnis und nehmen Rücksicht auf die Gefühle anderer, wenn Sie Lösungswege einschlagen.

Tipp: Erhalten Sie sich Ihre soziale Unterstützung. Das ist eine wichtige Ressource für Resilienz. Pflegen Sie Ihre Beziehungen und achten Sie gleichzeitig darauf, dass Sie sich nicht mit zu vielen Kontakten überfordern. Fokussieren Sie sich auf wenige intensivere.

Herausforderungen in der Resilienz

Vermutlich fällt es Ihnen schwer, sich mit Problemen direkt zu konfrontieren und Kontroversen auszutragen. Dabei stehen Sie oft vor der Herausforderung, Ihre Emotionen zu kontrollieren und nicht vorschnell eingeschnappt oder beleidigt zu reagieren. Die negativen Auswirkungen unerwünschter spontaner Emotionen liegen auf der Hand: Sie lähmen in kritischen Situationen und blockieren Ihr Denken in Lösungsmöglichkeiten. Wenn Sie schnell aufgeregt sind, haben Sie oft nicht die nötige Kraft und Ruhe, um in schwierigen Situationen die notwendige Impulskontrolle aufzubringen.

Zudem sind Sie ständig auf Achse und versuchen, die Dinge in Bewegung zu halten. Ihre unermüdliche Neigung zur Aktivität kann auch mal unerwünschte Wirkungen zeigen. Das ist besonders dann der Fall, wenn Ihre Bemühungen, Einfluss auf die Situation zu nehmen, keinen Erfolg zeigen. Es fällt Ihnen schwer, solche Situationen einfach zu akzeptieren und so anzunehmen, wie sie sind.

Tipp: Atmen Sie einmal tief durch oder gehen Sie in die „Vogelperspektive" – versuchen Sie also, aus der Distanz bzw. von oben auf die Situation zu blicken –, bevor Sie reagieren oder in Aktionismus verfallen. Das kann Ihnen helfen, weniger Dinge zu tun oder zu sagen, die Sie später bereuen.

Stabilisator – Resilienz-Typ 3

Stärken in der Resilienz

Sie gehören zu den Menschen, für die es sehr wichtig ist, in Krisen und schwierigen Situationen auf andere zu vertrauen und sich auf sie verlassen zu können. Menschen mit Ihren Verhaltenstendenzen haben deshalb ein stabiles soziales Umfeld, das ihnen Kraft und Sicherheit gibt. Sie wissen, dass Sie – egal, was kommt – mit schwierigen Situationen und Schicksalsschlägen positiver umgehen können, wenn Sie diese Unterstützung erfahren. Sie suchen adäquate Ansprechpartner in Ihrem vertrauten Netzwerk, seien es Familienmitglieder oder Freunde. Sie wissen, dass Sie sich voll und ganz auf diese Personen verlassen und ihnen alles anvertrauen können, was Ihnen Sorgen und Kummer bereitet. Sie schätzen persönliche Erfahrungen und nutzen sie aktiv, um Probleme zu lösen.

Außerdem gelingt es Ihnen, freundlich zu bleiben, auch wenn um Sie herum die Stimmung kippt und Menschen ihre Impulse nicht mehr unter Kontrolle haben. Zwar ziehen Sie sich dann etwas zurück, aber Sie reden, denken und handeln in diesen Situationen nicht vorschnell. Außerdem können Sie mitfühlen, wenn es anderen Menschen nicht gut geht, und kümmern sich um sie.

Tipp: Es ist toll, dass Sie so viele Menschen in Ihrem sozialen Netzwerk unterstützen und ihnen helfen. Achten Sie darauf, dass diese Beziehungen beidseitig sind. Manchmal laufen Sie Gefahr, zu viel in eine Person zu investieren, von der nicht so viel zurückkommt.

Herausforderungen in der Resilienz

Es fällt Ihnen schwer, schwierige Situationen anzunehmen: Ja, man hat eine Absage bekommen. Ja, man verliert eventuell den Job. Erst, wenn man in der Lage ist, schmerzlichen Tatsachen ins Auge zu blicken und sich von Selbstvorwürfen zu lösen, kann man weitere, lösungsorientierte Schritte unternehmen.
Vielleicht neigen Sie dazu, bei Rückschlägen und Misserfolgen für eine Weile in die Opferrolle zu schlüpfen. Es ist verführerisch, bringt Sie aber nicht weiter. Dann lohnt es sich oft, zu überlegen: Was könnte mich jetzt aus diesem Tief herausholen und welche Schritte scheinen mir sinnvoll?

In schwierigen Situationen kommt es vor, dass Sie voreilig damit beginnen, an Ihren Fähigkeiten und Kompetenzen zu zweifeln, die dazu beitragen, mit Situationen erfolgreich fertig zu werden. Sie bevorzugen es, abzuwarten und die Lage mit Vorsicht zu betrachten. Manchmal fehlt es Ihnen an der Überzeugung, dass Sie die Dinge zu Ihren Gunsten verändern können.

Ihre Geduld und Ausdauer helfen Ihnen meist, schwierige Situationen nicht voreilig, sondern mit Bedacht und mit kühlem Kopf zu einzuschätzen. Allerdings kann das auch Nachteile mit sich bringen: Sie überlegen lange, was alles schieflaufen könnte, was früher bereits alles nicht geklappt hat usw. Solche Gedanken sind eher auf die Vergangenheit gerichtet und hindern Sie daran, nötige Veränderung rechtzeitig herbeizuführen.

Tipp: Stärken Sie den Glauben an sich und Ihre Kompetenz. Machen Sie sich Ihre Ressourcen bewusst. Wahrscheinlich können Sie viel mehr bewirken, als Sie selbst denken.

Perfektionist – Resilienz-Typ 4

Stärken in der Resilienz

Vielleicht erkennen Sie bereits, dass Sie in schwierigen Situationen oft den Blick eines Kritikers entwickeln und versuchen, die Sachlage eher logisch und rational zu betrachten und sie auf diese Weise zu analysieren. Diese Schritte sind für Sie essenziell und dienen als Voraussetzung, um in Richtung Problemlösung aktiv zu werden. Diese Fähigkeit hilft Ihnen, zu verstehen, warum die Umstände sich so entwickelt haben, wie sie sich entwickelt haben. Erst dann, wenn Sie sich Klarheit darüber verschafft haben, zeigen Sie die Bereitschaft, Schwierigkeiten zu akzeptieren, und beginnen, nach vorne zu schauen.

Sie besitzen die Gabe, in schwierigen Situationen einen kühlen Kopf zu bewahren und Ihre spontanen Impulse erst mal kritisch zu hinterfragen. Dabei wirken Sie ziemlich selbstbeherrscht und sind gut in der Lage, innerlich Abstand zu gewinnen, um die Sachlage nüchtern und gründlich zu analysieren. Daraus leiten Sie dann angemessene Reaktionen ab.

Tipp: Ihre hohe Analysefähigkeit ermöglicht es Ihnen, Fehler nicht zu wiederholen. Nutzen Sie diese Fähigkeit auch, um Entscheidungen zu treffen oder Lösungen zu finden. Wenn Sie zurückschauen und prüfen, wie oft es Ihnen schon gelungen ist, einen Weg zu finden, kann das Ihren Optimismus stärken.

Herausforderungen in der Resilienz

Sie analysieren bis ins Detail und beschaffen sich eine Unmenge an Informationen und Fakten, um einen möglichst „perfekten" Lösungsweg aus der Stresssituation zu finden. Allerdings verstricken Sie sich oft in „Ihrer Wahrheit", heißt, dass Sie sich vielleicht an Ihrer Version festbeißen, sodass Sie keine alternativen Sichtweisen mehr zulassen und dabei den positiven Blick auf das Ganze verlieren. Es fällt Ihnen schwer, angesichts der schwerwiegenden Tatsachen dem Problem etwas Positives abzugewinnen und einen gesunden Optimismus zu entwickeln. Dabei geht es nicht darum, die Realität zu verleugnen. Optimistisches Denken respektiert die Realität, geht aber auch davon aus, dass negative Ereignisse begrenzt sind und auch wieder bessere Zeiten zu erwarten sind.

Wenn Dinge in Ihrem Leben schiefgehen oder nicht wie erwartet laufen, dann suchen Sie den Grund zunächst bei sich selbst. Das zieht Sie emotional herunter. Verstärkt mit negativen Selbstvorwürfen wie „Hätte ich besser aufgepasst …" oder „Wenn ich diesen Fehler bloß nicht gemacht hätte …", verweilen Sie vermutlich lang bei Gefühlen wie Missmut oder Enttäuschung. Selbstanklage gewinnt die Oberhand und blockiert Sie. Das hindert Sie daran, einen Schicksalsschlag zu überwinden.

Tipp: Machen Sie sich bewusst, dass nicht immer das denkbar schlechteste Ergebnis eintreten muss. Überlegen Sie bewusst, welche positiven Ereignisse eintreten können, und rechnen Sie damit, dass das Ergebnis wahrscheinlich positiver sein wird, als Sie denken.

Resilienz in der Mitarbeiterführung

Wenn Sie mit dem Segelboot auf dem offenen Meer sind, können Sie manche Dinge beeinflussen und andere nicht. Sie können nicht entscheiden, wie stark der Wind weht und von welcher Richtung er kommt. Sie können nicht entscheiden, ob ein Wind weht, der schnelles Vorankommen ermöglicht, oder ob Windstille herrscht und Sie einen Motor brauchen. Doch Sie haben Einfluss darauf, was Sie mit den Segeln machen. Wenn sich die Windrichtung ändert, dann müssen auch die Segel neu ausgerichtet werden. Das Zusammenspiel kann nur gelingen, wenn der Segler sein Ziel kennt und weiß, wie die Segel gesetzt werden müssen, um dieses Ziel zu erreichen. Wenn ein Sturm aufkommt, muss der Segler schnell reagieren und der Situation angemessen handeln können. Er ist also Steuermann bzw. Steuerfrau und gleichzeitig aber auch begrenzt in dem, was er tun kann. Wenn der Wind zu stark ist, bleibt ihm keine andere Wahl, als das zu akzeptieren und gegebenenfalls die Richtung kurzfristig zu ändern und einen kleinen Umweg zu fahren.

Die resiliente Führungskraft – wie ein Segler

Auch als Führungskraft sind Sie immer Steuermann bzw. Steuerfrau. Ihre Aufgabe ist es, sicherzustellen, dass das Boot vorankommt, und Sie definieren die Richtung. Doch um das zu tun, müssen Sie wissen, wohin die Reise gehen soll. Und Sie müssen wissen, welcher Mann oder welche Frau auf dem Boot Sie bei den notwendigen Aufgaben unterstützen kann, und ebenso, auf wen Sie sich verlassen können, wenn es mal stürmisch wird und zum Üben keine Zeit ist. Dafür brauchen Sie Mut und Strategien, um auch unbekannte Gewässer befahren zu können.

Sie brauchen Mitarbeiter, die Ihnen helfen, die Segel zu setzen, und die Ihnen auch manchmal den Wind aus den Segeln nehmen. Sie brauchen Sparringspartner, die Sie dabei unterstützen, die richtigen Entscheidungen zu treffen.

Warum Resilienz für Führende so entscheidend ist

Citius – altius – fortius (schneller – höher – tapferer). Das Motto der Olympischen Spiele bestimmt vielerorts auch den Arbeits- und Führungsalltag. Die Anforderungen, die an Mitarbeiter und Führende gestellt werden und die sie selbst an sich stellen, nehmen stetig zu und verändern sich schneller, als das früher der Fall war. Digitalisierung, Robotertechnik und künstliche Intelligenz verändern unsere Arbeitswelt unaufhaltsam und tragen ihren Teil zur Veränderung des Führungsalltags bei. Gleichzeitig wächst der Wunsch nach Ausgeglichenheit, Selbstbestimmung und Entscheidungsfreiheit. Führende und Mitarbeiter legen einen größeren Wert auf ihre Gesundheit und darauf, Freiräume zu haben. Sie wollen, dass ihre Bedürfnisse nicht zu kurz kommen, und anders als früher sind heute die wenigsten dazu bereit, ihre Freizeit oder gar ihre Gesundheit dem Unternehmen zu opfern. Und das ist auch nicht mehr gefragt. Im Gegenteil: Unternehmen kennen die geänderten Bedingungen und investieren viel in die Gesundheitsförderung ihrer Mitarbeiter. Dazu gehört auch die Förderung der Resilienz.

Wer Resilienz bei anderen fördern will, muss selbst resilient sein

Resilienz ist für Führungskräfte essenziell und bringt große Vorteile. Als Führungskraft stehen Sie tagtäglich vor kleinen und großen Herausforderungen. Sie werden immer wieder mit Veränderungen konfrontiert und sind dann gefragt, diese anzunehmen und neue Wege zu gehen. Das heißt: Sie brauchen Ihre Resilienz-Kompetenz. Wenn Führungskräfte selbst nicht auf ihre Bedürfnisse und ihre psychische Gesundheit achten, laufen sie Gefahr, auszubrennen. Nicht nur wegen der vielen Arbeit, sondern auch wegen des ständig wachsenden Drucks und des Anspruchs, der an sie gestellt wird. Emotional ist es nicht immer leicht, Führungskraft zu sein. Man ist mehr allein, hat weniger direkte Kollegen und natürlich auch Neider. Innere Stärke und Widerstandskraft sind wichtig, um diese Herausforderungen zu meistern. Wer Menschen innerlich stärken will, muss selbst stark und ein Vorbild sein. Er muss wissen, wie mit Herausforderungen und Veränderungen kompetent umgegangen werden kann. Dafür braucht es eine hohe Resilienz-Kompetenz – nur so kann Mitarbeiterführung durch Krisen, Veränderungsprozesse und schnelllebige Zeiten gelingen.

Resilienz-Leadership: Resilienzfördernde Führung

Was verstehen wir in diesem Buch unter resilienzfördernder Führung oder Resilienz-Leadership? Resilienz-Leadership ist für mich ein Führungskonzept, das Resilienzförderung in den Führungsalltag integriert und als Führungsaufgabe begreift.

Zwei Säulen von Resilienz-Leadership

Führungskräfte sind nicht nur darin gefragt, sich um ihre persönliche Resilienz zu kümmern, sondern tragen auch eine Verantwortung für die Resilienz ihrer Mitarbeiter. Mein Konzept baut auf die Doppelrolle der Führungskräfte in der Resilienzförderung auf und besteht deshalb aus zwei Säulen: Resilienz-Vorbild und Resilienz-Förderer.

Der größte Hebel zur Veränderung liegt in Ihnen

Stellen Sie sich folgende Situation vor: Die Geschäftsleitung hat beschlossen, einen großen Aufgabenbereich von einer anderen Abteilung in den Zuständigkeitsbereich Ihrer Abteilung zu verlegen. Sie werden vor vollendete Tatsachen gestellt und können den Beschluss nicht mehr ändern. Welche Folgen hat das für Sie? Sie müssen den Beschluss akzeptieren und entscheiden, wie Sie mit der Veränderung umgehen wollen und welche Maßnahmen Sie ergreifen werden. Sie könnten zum Beispiel deutlich höhere Anforderungen an Ihre Mitarbeiter stellen, neue Lösungsmöglichkeiten erarbeiten, Aufgaben umverteilen und dadurch auch den Zeit- und Arbeitsdruck erhöhen. Sie haben (zumindest teilweise) Einfluss darauf, wie Sie selbst mit der Veränderung umgehen, wie Sie sie an Ihre Mitarbeiter kommunizieren und welche Maßnahmen Sie umsetzen. Der größte Hebel ist also Ihr eigenes Verhalten, durch das die Mitarbeiter ermutigt werden, die Veränderungen als Chance zu verstehen. Das wird sich im Alltag zeigen.

Die Auswirkungen von Resilienz-Leadership

Wenn es Ihnen als Führungskraft gelingt, sich resilienzfördernd zu verhalten, werden Sie auch selbst zufriedener mit Ihrer Arbeit sein. Ihre emotionale Bindung an das Unternehmen nimmt zu. Zudem fühlen sich Ihre Mitarbeiter wohler, sind engagierter, übernehmen mehr Verantwortung und zeigen bessere Leistungen. Nachfolgend will ich Ihnen einige Tipps geben, wie Sie Resilienz-Leadership im Alltag leben können.

Schnell-Check: Sind Sie ein Resilienz-Leader?

Machen Sie hier einen Schnell-Check, um zu erfahren, ob Sie ein Resilienz-Leader sind. Für eine kurze Selbsteinschätzung beantworten Sie möglichst ehrlich und unvoreingenommen folgende zehn Fragen.

Trifft diese Aussage auf Sie zu?	**ja**	**nein**	**teil-weise**
Ich achte bewusst darauf, Mitarbeitern klarzumachen, dass manche Entscheidungen unveränderlich sind, es aber an uns liegt, wie wir mit ihnen umgehen.	☐	☐	☐
Ich gebe meinen Mitarbeitern regelmäßig neue Herausforderungen, damit sie über sich hinauswachsen können.	☐	☐	☐
Die Gesundheit meiner Mitarbeiter ist mir wichtig. Ich achte darauf, dass ich meine Mitarbeiter nicht überfordere und sie sich auch selbst nicht zu viel zumuten.	☐	☐	☐
Ich gebe die Verantwortung für bestimmte Bereiche an meine Mitarbeiter ab, wenn ich weiß, dass sie es meistern können.	☐	☐	☐
Die Meinung meiner Mitarbeiter ist mir wichtig. Ich hole deshalb regelmäßig Feedback von meinen Mitarbeitern ein.	☐	☐	☐
Ich unterstütze meine Mitarbeiter dabei, selbstständig Entscheidungen zu treffen und Lösungsmöglichkeiten zu entwickeln, indem ich nicht immer meine Lösung vorgebe, sondern sie ausprobieren lasse.	☐	☐	☐
Ich gehe zuversichtlich an Projekte heran und kommuniziere meinen Optimismus auch an meine Mitarbeiter.	☐	☐	☐
Wenn mir selbst etwas gut gelingt, teile ich meine Freude mit meinen Mitarbeitern.	☐	☐	☐
Ich achte auf die Bedürfnisse meiner Mitarbeiter und merke schnell, wenn es jemandem nicht gut geht. Dabei ist es egal, ob es berufliche oder private Probleme sind.	☐	☐	☐
Ich achte auf einen respektvollen Umgangston. Ich ziehe mich z. B. aus der Situation zurück, wenn ich einen Mitarbeiter sonst anschreien würde.	☐	☐	☐
Gesamtpunkte (Summen)			

Auswertung: Je öfter Sie „ja" angekreuzt haben, desto besser fördern Sie die Resilienz Ihrer Mitarbeiter. Prüfen Sie alle Punkte mit „nein" und „teilweise" und überlegen Sie, wie Sie Resilienzförderung noch stärker in Ihren Führungsalltag integrieren können.

Resilienzfördernder Führungsstil: Die Transformationale Führung

Unsere Welt und somit auch unser Arbeitsleben wird immer komplexer und verändert sich immer schneller. Viele sprechen von der VUCA-Welt. VUCA ist ein Akronym, bei dem

- **V** für „Volatility" (Volatilität),
- **U** für „Uncertainty" (Unsicherheit),
- **C** für „Complexity" (Komplexität) und
- **A** für „Ambiguity" (Mehrdeutigkeit)

steht. Es sollte eigentlich selbstverständlich sein, dass sich Führungskräfte mit ihrem Führungsstil an die Änderungen anpassen müssen.

Aus meiner Sicht ist eine mögliche Antwort aus Führungssicht die Transformationale Führung. Wie der Name schon sagt, soll Transformationale Führung „transformieren" – also verändern. Transformationale Führung bringt nachgewiesenermaßen höhere wirtschaftliche Leistungen, weil die Mitarbeiter ihrem Chef vertrauen, loyal sind, Eigeninitiative zeigen und gleichzeitig Teamgeist entwickeln können. Die Führungskraft ist Vorbild in diesem gesamten Prozess. Mein Anspruch ist hier nicht, das komplexe Konstrukt der Transformationalen Führung darzustellen. Vielmehr will ich einen Anstoß geben, sich damit zu beschäftigen, da Untersuchungen gezeigt haben, dass Transformationale Führung die Resilienz fördert.

Vier Kriterien der Transformationalen Führung

Ein Pionier auf dem Gebiet der Transformationalen Führung ist der amerikanische Wirtschaftspsychologe Bernard Morris Bass. Er nennt vier Kriterien, welche die Transformationale Führung bestimmen sollten: Führungskräfte müssen

- als Vorbild fungieren,
- inspirierend motivieren,
- intellektuell anregen und
- individuell unterstützen.

Herausforderung für die Führungskraft

Eine Führungskraft, die einen transformationalen Führungsstil nach diesen Kriterien leben möchte, wird vor einige Herausforderungen gestellt. Sie muss zum Beispiel den Mitarbeitern vertrauen, Flexibilität zulassen, ihnen eigene Entscheidungen ermöglichen und konstruktives Feedback geben. Darüber hinaus muss sie dafür sorgen, dass offene Diskurse möglich sind. Sie muss ihre Entscheidungen so treffen, dass sich auch die Ansichten der Mitarbeiter darin wiederfinden, und darf gleichzeitig die Unternehmensziele nicht aus den Augen verlieren.

Die Führungskraft muss für all das nicht nur gutes Vorbild und Coach sein, sondern sie muss vor allem auch großes Vertrauen in sich selbst und die Mitarbeiter haben. Für die meisten Führungskräfte heißt das, dass sie sich zuerst selbst entwickeln müssen. Oft müssen eine neue Vision und neue Strukturen entwickelt sowie Ressourcen aufgebaut werden.

Auswirkungen der Transformationalen Führung auf die Resilienz der Mitarbeiter

Ein transformationaler Führungsstil führt dazu, dass Sie durch Ihr eigenes Verhalten auch Verhaltensänderungen bei Ihren Mitarbeitern auslösen. Bezogen auf Resilienz kann das zum Beispiel heißen, dass Sie Ihre Mitarbeiter dadurch, dass Sie immer weiter nach einer Lösung suchen und nicht vorschnell aufgeben, dazu motivieren und inspirieren, ebenfalls ausdauernd nach Lösungen zu suchen. Das führt dazu, dass Sie die Kompetenzen Ihrer Mitarbeiter im Resilienz-Faktor Lösungsorientierung fördern.

Je mehr die Mitarbeiter beteiligt werden, desto besser für die Resilienz

Es sollte an dieser Stelle nicht unerwähnt bleiben, dass Führungskräfte auch mit anderen Führungsstilen die Resilienz ihrer Mitarbeiter fördern können. Das gilt zum Beispiel für Superleadership. Es gibt jedoch auch Führungsstile, die sich hinderlich auf die Resilienz der Mitarbeiter auswirken. Dies ist zum Beispiel bei einem autoritären Führungsstil der Fall, der nur eine geringe Partizipation der Mitarbeiter zulässt. Hingegen ist ein kooperativer Führungsstil, der den Mitarbeitern und Teams gewisse Entscheidungsspielräume einräumt, resilienzförderlich. Kurz gesagt: Je mehr Partizipation und Transparenz, desto besser für die Resilienz der Mitarbeiter.

Resilienz-Leadership umsetzen: Wie Sie Akzeptieren fördern

Akzeptieren hat immer zwei Seiten: Zum einen geht es darum, dass die Mitarbeiter die Entscheidungen der Führungskraft akzeptieren, zum anderen geht es darum, dass die Führungskraft die Einwände ihrer Mitarbeiter akzeptiert und als konstruktives Feedback versteht.

Stellen Sie sich vor: Ihr Chef gibt Ihnen ein neues Jahresziel vor. Sie versuchen, daran zu rütteln, da Sie es für völlig überzogen und unerreichbar halten. Doch es stellt sich heraus: kein Einlenken, nichts zu machen. Was würden Sie tun? Viele Mitarbeiter erleben genau das: Sie können Entscheidungen nicht ändern, sie nicht verstehen und somit auch nicht oder nur bedingt akzeptieren. Es entstehen Unverständnis, Wut oder Frust und im schlimmsten Fall sogar die innere Kündigung. Das kann zu einem gewissen Grad vermieden werden, wenn Sie als Führungskraft achtsamer mit solchen Situationen umgehen und Ihre Mitarbeiter in Entscheidungen einbeziehen.

Strategie	Wie Sie Resilienz-Vorbild sind	Wie Sie Resilienz bei Ihren Mitarbeitern fördern
Akzeptanz: Akzeptieren Sie das Unveränderliche und akzeptieren Sie auch die Mitarbeiter. 	▪ Auch eine Führungskraft muss manche Entscheidungen akzeptieren, z. B. eine neue Strategie eines Vorstands. Zeigen Sie Ihrem Team, dass Sie diese Entscheidungen stehen lassen, wenn Sie zuvor alles, was in Ihrem Machtbereich liegt, getan haben, um sie zu verändern. So lernt das Team, dass man nicht immer alles beeinflussen kann und dass es bis zu einem gewissen Grad wichtig ist, sich auch unterordnen zu können. ▪ Führen Sie in Teammeetings keine Diskussionen über „Was wäre gewesen wenn …", sondern machen Sie klar: „Das ist die Situation und die Frage ist, wie gehen wir damit um."	▪ Bringen Sie Ihren Mitarbeitern bei, dass diese nicht immer Ihrer Meinung sein müssen. Meinungen können abweichen. Als Mitarbeiter muss man lernen, bestimmte Entscheidungen zu akzeptieren, und kann nicht immer nur den eigenen Kopf durchsetzen. (Übrigens geht das auch nicht als Selbstständiger, denn auch da gibt es Kunden, Banken oder andere Stakeholder.) ▪ Ermutigen Sie Ihre Mitarbeiter aber gleichzeitig, für ihre Meinung zu kämpfen und diese zu äußern, und nicht alles einfach hinzunehmen. Das können Sie stärken, indem Sie sie nach ihrer Meinung fragen oder auch Ihre eigene Meinung überstimmen lassen.

Strategie	Wie Sie Resilienz-Vorbild sind	Wie Sie Resilienz bei Ihren Mitarbeitern fördern
Selbstwirksamkeitserwartung: Glauben Sie an sich selbst, die einzelnen Mitarbeiter und das Team. 	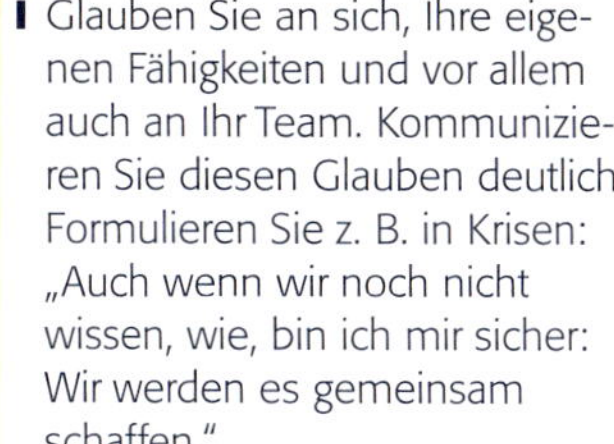 ▮ Glauben Sie an sich, Ihre eigenen Fähigkeiten und vor allem auch an Ihr Team. Kommunizieren Sie diesen Glauben deutlich. Formulieren Sie z. B. in Krisen: „Auch wenn wir noch nicht wissen, wie, bin ich mir sicher: Wir werden es gemeinsam schaffen." ▮ Bestärken Sie die einzelnen Mitarbeiter in ihrem Tun. Loben Sie sie, wenn sie ihr Bestes gegeben haben und trotzdem gescheitert sind	▮ Helfen Sie Ihren Mitarbeitern dabei, den Glauben an sich selbst zu stärken. Fragen Sie z. B. nach erfolgreich bewältigten Aufgaben, die ein Mitarbeiter sich nicht zugetraut hat, um ihm zu ermöglichen, sich die Erfolge selbst klarzumachen. ▮ Fördern Sie Ihre Mitarbeiter. Zeigen Sie den Mitarbeitern ihre Stärken auf und fördern Sie diese. ▮ Fordern Sie Ihre Mitarbeiter mit herausfordernden Aufgaben. Sagen Sie: „Ich gebe dir nur Aufgaben, von denen ich weiß, dass du sie schaffen kannst." So bekommt der Mitarbeiter das Gefühl, dass Sie an ihn glauben.
Verantwortung: Übernehmen Sie Verantwortung und geben Sie sie gleichermaßen ab. 	▮ Führen Sie nach dem Motto: „Ich versuche, mich selbst ersetzbar zu machen." ➜ Wenn Sie diese Haltung haben, geben Sie automatisch Verantwortung an Ihre Mitarbeiter ab. ▮ Geben Sie Ihre Fehler zu und zeigen Sie, dass Sie das nicht davon abhält, verantwortlich zu handeln. ▮ Stellen Sie Ihre Mitarbeiter weniger vor vollendete Tatsachen, sondern geben Sie die Möglichkeit, dass sie ihre Meinung einbringen können. So erhöhen sich das Commitment und die Motivation für den Job. ▮ Übernehmen Sie Verantwortung für Ihr Denken, Fühlen und Handeln. Das bedeutet auch, dass Sie Dinge tun, die Sie zugesagt haben.	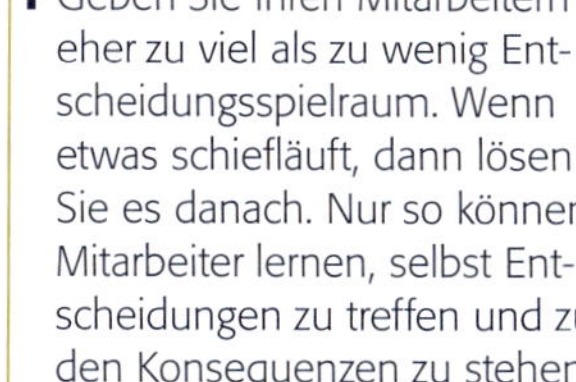 ▮ Geben Sie Ihren Mitarbeitern eher zu viel als zu wenig Entscheidungsspielraum. Wenn etwas schiefläuft, dann lösen Sie es danach. Nur so können Mitarbeiter lernen, selbst Entscheidungen zu treffen und zu den Konsequenzen zu stehen. ▮ Sagen Sie Ihren Mitarbeitern, dass es bei Informationen und Unsicherheiten auch immer eine Holschuld gibt. Wenn die Mitarbeiter unsicher sind, was sie tun dürfen oder nicht, sollen sie bei Ihnen nachfragen. Denn je mehr Verantwortung Sie abgeben, desto weniger bekommen Sie mit. ▮ Etablieren Sie eine Fehlerkultur, die Fehler akzeptiert und Raum für Verbesserungen lässt.

Resilienz-Leadership umsetzen: Wie Sie Fühlen fördern

Damit Mitarbeiter einem Unternehmen treu bleiben und ihr Bestes geben, müssen sie sich in ihrem Job wohlfühlen. Das heißt, sie brauchen nicht nur passende, interessante Aufgaben und Tätigkeitsinhalte, sondern auch gute Kontakte zu den Kollegen und angemessene Herausforderungen. Dabei ist auch die Arbeitsatmosphäre entscheidend. Der eine mag es familiär, der andere distanzierter. Jeder hat andere Vorlieben. Jede Führungskraft und jeder Mitarbeiter sollten sich deshalb fragen: Wie kann ich die Arbeit so organisieren, dass sie als anregend, Freude bereitend und produktiv erlebt werden kann?

Stellen Sie sich vor: Ihr Chef rastet ständig wegen jeder Kleinigkeit aus. Ein falscher E-Mail-Betreff oder ein falsches Datum im Mailing und schon ist er auf 180. Sie haben das Gefühl, dass es völlig egal ist, was Sie tun, es ist in jedem Fall wieder etwas falsch. Oder Ihr Kollege delegiert ständig Sachen an Sie und tut dann vor den Vorgesetzten so, als hätte er das alles allein gelöst. Oder Sie werden in jeder Mittagspause von einem Kollegen vereinnahmt, der nur darüber klagt, wie ätzend alles ist. All das wird Auswirkungen auf Ihre Emotionen haben. Das gilt es zu ändern, um Resilienz zu fördern.

Strategie	Wie Sie Resilienz-Vorbild sind	Wie Sie Resilienz bei Ihren Mitarbeitern fördern
Positive Emotionen: Gehen Sie achtsam mit Ihren Emotionen und denen anderer um 	▌ Stehen Sie zu Ihren Gefühlen. Das kann auch bedeuten, dass Sie Schwächen zugeben, z. B: „Ich war durch deine Aussage zu meiner Fähigkeit, Meetings zu leiten, verletzt und habe ein paar Tage gebraucht, bis ich dieses Gefühl wieder verwandeln konnte." So verstehen die Mitarbeiter, dass Sie achtsam mit Ihren Gefühlen umgehen und auch mal negative Emotionen haben. Auch Führungskräfte können von Mitarbeitern verletzt werden, nicht nur die Mitarbeiter vom Chef.	▌ Bringen Sie Ihren Mitarbeitern beide Seiten bei: einerseits die eigenen Emotionsreaktionen zu regulieren, andererseits aber auch mit emotionalen Situationen umzugehen. Wenn Sie merken, dass Mitarbeiter wegen Konflikten angespannt sind, zeigen Sie auf, wie sie mit diesen Emotionen umgehen können. ▌ Üben Sie mit Ihren Mitarbeitern Emotionsregulation. Wenn Sie merken, dass es ihnen nicht gut geht oder sie Angst vor einer Herausforderung haben, sprechen Sie sie an und üben Sie im Einzelgespräch.

Strategie	Wie Sie Resilienz-Vorbild sind	Wie Sie Resilienz bei Ihren Mitarbeitern fördern
	▮ Leben Sie vor, dass es darum geht, Sorgen und Ängsten zu begegnen und sie anzunehmen. Wenn Sie vor einer Präsentation vor 500 Leuten nervös sind, dann dürfen Sie das auch äußern. ▮ Wenn Sie unzufrieden mit Ihrer Leistung sind, gilt das Gleiche. Sie müssen nicht immer die starke und professionelle Führungskraft sein. Aussagen wie diese machen Sie menschlich und viele Mitarbeiter ahnen sowieso, dass Sie diese Emotionen haben. Sie stehen lediglich zu dem, was beobachtbar ist. ▮ Zeigen Sie auch, dass Sie sich von negativen Gefühlen wie Ängsten nicht von Herausforderungen abhalten lassen, sondern diese trotzdem annehmen.	▮ Gehen Sie achtsam mit den Emotionen Ihrer Mitarbeiter um. Wenn ein Mitarbeiter weint, reagieren Sie empathisch und werten es nicht als „unprofessionell" ab. ▮ Fragen Sie Ihre Mitarbeiter auch nach privaten Themen. Wenn Mitarbeiter mit Ihnen über ihre Befindlichkeiten sprechen können, stärkt das die Führungskraft-Mitarbeiter-Beziehung. ▮ Bringen Sie Gelassenheit in das Thema Ärgern: Führungskräfte ärgern sich über Mitarbeiter und Mitarbeiter über Führungskräfte. Kollegen ärgern sich über andere Kollegen. Das gehört dazu. Wir sind eben alle keine Computer.
Impulskontrolle: Behalten Sie die Kontrolle über Ihr Denken, Fühlen und Handeln. 	▮ Arbeiten Sie an Ihrer eigenen Impulskontrolle. Kaum etwas verunsichert Mitarbeiter so stark wie ein Chef, der laut wird oder ausrastet. Auch wenn Sie erklären, dass es nicht persönlich zu nehmen ist, die meisten Mitarbeiter schaffen diese Regulation nicht. ▮ Nutzen Sie besser in dieser Situation Resilienz-Strategien. Ein Beispiel: Sagen Sie, dass Sie sehr verärgert sind und es Ihnen gerade schwerfällt, ruhig zu bleiben. Machen Sie deutlich, dass der Mitarbeiter nichts dafür kann und Sie sich wieder beruhigen werden.	▮ Sprechen Sie Mitarbeiter, die selbst laut werden oder im Kontakt mit anderen unangemessen reagieren, im Nachgang an. Reflektieren Sie gemeinsam mit ihnen die Situation. So lernen sie, nicht auf jeden Impuls oder emotionalen Ausbruch der Führungskraft mit Ängsten und Zweifeln zu reagieren, sondern zu sagen: „Das ist nicht mein Thema." ▮ Bringen Sie den betroffenen Mitarbeitern Techniken bei, wie sie sich selbst unter Kontrolle halten können.

Resilienz-Leadership umsetzen: Wie Sie Orientieren fördern

Stellen Sie sich zwei Führungskräfte vor. Wir nennen Sie Max und Moritz. Max schmiedet Pläne, überlegt sich verschiedene Lösungen, holt die richtigen Menschen an Bord und bittet um Hilfe, wenn er sie braucht. Max glaubt daran, dass sein Plan funktionieren wird, und kommuniziert auch ganz klar, wohin die Reise gehen soll. Moritz hingegen ist sehr vorsichtig. Er vermeidet Risiken, deshalb macht er ganz detaillierte Pläne, doch wenn die nicht funktionieren, tut er sich schwer damit, vom Plan abzuweichen. Stattdessen hält er daran fest, weil er so viel Zeit und Kraft investiert hat. Er denkt, dass er alles selbst am besten kann, und bittet deshalb auch nicht um Hilfe aus dem Team. Moritz sieht, dass das alles schwierig ist, und glaubt deshalb auch nicht daran, dass er und das Team das Ziel am Ende erreichen. Für wen würden Sie lieber arbeiten? Für Max oder Moritz?

Wenn Sie zu den Menschen gehören, die sich für Max entscheiden, gehören Sie zur großen Mehrheit. Denn sogar Menschen, die selbst nicht besonders positiv denken, selbst keine Lösungen parat haben oder nur wenig soziale Unterstützung haben, wollen eine Führungskraft, die all das mitbringt.

Strategie	Wie Sie Resilienz-Vorbild sind	Wie Sie Resilienz bei Ihren Mitarbeitern fördern
Realistischer Optimismus: Gehen Sie positiv in die Zukunft und nehmen Sie Ihr Team mit. 	▪ Denken Sie positiv. Kommunizieren Sie positiv. Erwarten Sie, dass Pläne funktionieren, und sagen Sie das auch so. Wenn Sie immer denken, dass eh nichts klappt, egal, was Sie tun, dann überträgt sich das auf das ganze Team. ▪ Wenn Sie Themen kommunizieren müssen, bei denen Sie selbst glauben, dass es schlecht laufen wird, überlegen Sie so lange, bis Ihnen positive Aspekte einfallen. ▪ Es geht aber nicht um übertriebenen Optimismus. Dieser kann Ihnen z. B. bei der Zeitplanung von Projekten im Weg stehen.	▪ Bringen Sie Ihren Mitarbeitern bei, wie diese sich selbst von einer schlechten Erwartungshaltung wegbringen können. In der Praxis hat sich die Best-Case-Worst-Case-Übung auf Seite 84 hier als sehr wirksam erwiesen. Fördern Sie den Optimismus durch Übungen, allgemeinere Hinweise und positive Sätze.

Strategie	Wie Sie Resilienz-Vorbild sind	Wie Sie Resilienz bei Ihren Mitarbeitern fördern
Lösungsorientierung: Vermitteln Sie, dass es keine unlösbaren Probleme gibt, sondern immer mehr Lösungswege als den einen Plan A. 	▪ Seien Sie konstruktiv und lösungsorientiert. Verzichten Sie auf Sätze wie „Das geht nicht" oder „Das funktioniert nicht". Denn sonst sind lösungsorientierte Mitarbeiter schnell frustriert und sagen gar nichts mehr. ▪ Zeigen Sie durch Ihr Handeln, dass Sie immer mehr als einen Plan verfolgen. Dass es mehrere Optionen gibt, nicht nur eine. Versteifen Sie sich also nicht auf einen Weg, sondern leben Sie Flexibilität vor.	▪ Der wichtigste Tipp lautet: Geben Sie nicht die Lösung vor, sondern fragen Sie danach. „Wie sollen wir das machen, Chef?" „Was schlägst du denn vor, Mitarbeiter?" Bestätigen Sie dann oder machen Sie noch einen zusätzlichen Vorschlag. So lernen Mitarbeiter, lösungsorientiert zu denken. ▪ Fördern Sie die Lösungskompetenz Ihrer Mitarbeiter, indem Sie bewusst nach mehreren Lösungen suchen, auch wenn die erste schon überzeugend ist.
Soziale Unterstützung: Bitten Sie um Hilfe, geben Sie Hilfe und fördern Sie die Beziehungen der Kollegen untereinander. 	▪ Trauen Sie sich, um Hilfe zu bitten. Das ist keine Schwäche, sondern eine Stärke. Fragen Sie ruhig bei Ihren Mitarbeitern nach, wenn diese Ihnen helfen können. Bleiben Sie dabei aber bei sinnvollen Themen und sprechen Sie auf keinen Fall mit ihnen über Probleme mit anderen Kollegen. ▪ Zeigen Sie, dass Sie in Ihrem Leben auf Ihre Beziehungen achten. Gehen Sie pünktlich nach Hause und sagen Sie: Ich möchte noch Zeit mit meiner Familie verbringen. Oder gehen Sie mit Kollegen zum Mittagessen, egal, ob aus dem Team oder darüber hinaus. ▪ Bauen Sie Ihr eigenes Netzwerk aus.	▪ Fördern Sie die Beziehungen der Mitarbeiter untereinander. Wenn jemand Neues ins Team kommt, bitten Sie bestimmte Mitarbeiter darum, mit ihm Mittagessen zu gehen. ▪ Unterstützen Sie Mitarbeiter bei der Konfliktlösung. Das kann durch Gespräche sein, indem Sie Perspektiven der anderen Seite eröffnen, oder auch durch praktische Maßnahmen. Sie können z. B. zwei Kollegen, die nicht miteinander zurechtkommen, in unterschiedliche Büros setzen, wenn es trotz der Maßnahmen nicht besser wird. ▪ Trainieren Sie Kommunikationsmethoden. Üben Sie mit den Mitarbeitern, wie sie Feedback geben und ihre Meinung vertreten können. So trainieren Sie deren Kompetenz, ihre sozialen Beziehungen zu vertiefen.

Resilienz-Leadership umsetzen:
Wie Sie Verstehen fördern

Je besser Führungskräfte verstehen, was in ihnen selbst, in ihren Mitarbeitern und in ihrem Team vorgeht, desto besser können sie intervenieren und agieren. Wenn die Mitarbeiter stundenlang damit beschäftigt sind, ihre Konflikte auszutragen, leidet die Arbeit. Wenn ein Problem jede Woche neu auftaucht und keiner hinterfragt, warum es eigentlich auftaucht und wie es zu beseitigen ist, ist das für alle demotivierend und anstrengend. Wenn einer sich schlecht fühlt, vielleicht weil er gerade Liebeskummer hat, die Führungskraft das nicht merkt und dann eine Kritik dazu äußert, kann das der Tropfen sein, der das Fass zum Überlaufen bringt.

Verstehen heißt einerseits zu prüfen, woher die eigenen Probleme kommen oder auch die anderer und die im Team oder im Unternehmen. Andererseits heißt es, zu überlegen, wie diese gelöst werden können. Das kann zum Beispiel bedeuten, Zusammenhänge zu berücksichtigen und ein ganzes Bündel an Problemen zu lösen. Genau das zeichnet die Fähigkeit der Kausalanalyse in der Führung aus. Ergänzt wird diese Säule durch die Fähigkeit, empathisch vorzugehen und zu handeln. Es gibt ein Konzept, das sich empathische Führung nennt. Kurz gesagt beinhaltet es die Idee, vertrauensvolle Beziehungen in einem Team zu ermöglichen und dadurch die Bindung zum Unternehmen und die Leistung zu steigern.

Strategie	Wie Sie Resilienz-Vorbild sind	Wie Sie Resilienz bei Ihren Mitarbeitern fördern
Kausalanalyse: Analysieren Sie die Probleme, ihre Hintergründe und Zusammenhänge.	▪ Reflektieren Sie sich sichtbar selbst. Zeigen Sie also den Mitarbeitern, dass Sie an sich arbeiten. Das kann bedeuten, Ihre Schwächen anzusprechen, z. B.: „Ich weiß, dass ich es heute nicht geschafft habe, ganz gelassen zu bleiben, obwohl ich es mir vorgenommen habe. Es ist eine meiner Schwächen und ich arbeite daran."	▪ Helfen Sie Ihren Mitarbeitern, sich zu reflektieren. Vermeiden Sie es, ihr Verhalten in der „Öffentlichkeit" zu kritisieren. Aber fragen Sie zeitnah im Einzelgespräch nach.

Strategie	Wie Sie Resilienz-Vorbild sind	Wie Sie Resilienz bei Ihren Mitarbeitern fördern
Kausalanalyse: Analysieren Sie die Probleme, ihre Hintergründe und Zusammenhänge. 	❙ Lassen Sie wiederkehrende Probleme nicht einfach laufen, sondern hinterfragen Sie diese, suchen Sie nach Ursachen. Sie müssen das nicht selbst tun, Sie können es an jemanden delegieren. Ursachen suchen und Lösungen finden, lautet die Devise.	❙ Unterstützen Sie Mitarbeiter, Probleme und deren Ursachen sowie Wechselwirkungen zu erkennen, indem Sie nicht nur Ansagen machen über Ihre Änderungswünsche, sondern Fragen stellen, z. B.: „Ist dir aufgefallen, dass beim Versand der Ware mehrfach Beschwerden von Kunden kamen, weil die Verpackung aufging?"
Empathie: Versetzen Sie sich in die Gedanken- und Gefühlswelt anderer hinein. 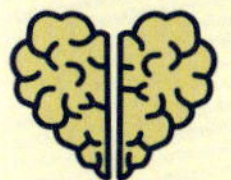	❙ Zeigen Sie sich empathisch im Umgang mit Ihren Mitarbeitern. Das bedeutet einerseits, Ängste und Sorgen, die Sie gar nicht nachvollziehen können, nicht einfach abzutun, und andererseits, bewusst nachzufragen, wenn Ihnen etwas auffällt, z. B. dass jemand traurig ist. ❙ Empathie hat ihre Grenzen. Wenn es immer wieder die gleichen Muster bei den gleichen Mitarbeitern sind, können Sie sich auch bewusst gegen Empathie entscheiden. Seien Sie sich aber der Konsequenzen bewusst. Wahrscheinlich wird das Vertrauen des anderen Ihnen gegenüber sinken und auch Störungen im Team können entstehen. Es gibt aber Fälle, in denen das notwendig sein kann, da sonst Sie oder das ganze Team überfordert sind. ❙ Bevorzugen Sie keine Mitarbeiter, nur weil Sie deren Probleme besonders gut verstehen können, sondern versuchen Sie, es fair zu halten. Dass das nie hundertprozentig gelingt, ist klar, aber achten Sie darauf, denn die Gefahr ist vorhanden.	❙ Machen Sie den Mitarbeitern klar, dass es immer unterschiedliche Seiten einer Haltung oder Meinung gibt. Was für den einen selbstbewusst ist, ist für den anderen arrogant, was für den einen inspirierend ist, ist für den anderen übertrieben, was für den einen loyal ist, ist für den anderen unterwürfig. Für Mitarbeiter ist es häufig nicht selbstverständlich, dass ihre Wahrnehmung nicht der der anderen entspricht. Führen Sie moderierte Gespräche, indem Sie Haltungen aufzeigen. Führen Sie mit Persönlichkeitsmodellen Seminare und Schulungen durch, die Ihnen helfen, für diese Wahrnehmungen eine gemeinsame Sprache zu finden. ❙ Zeigen Sie Ihren Mitarbeitern die Stärken der Empathie, aber auch deren Grenzen auf. Wenn z. B. eine einzelne Person immer wieder die Empathie des ganzen Teams braucht, kann das zur Belastung werden. Wichtig ist hier, dass die Mitarbeiter wissen, dass sie in solchen Sachen offen mit Ihnen sprechen können.

Resiliente Organisationen: Voraussetzung für resilienzfördernde Führung

Resilienz kann auch auf die gesamte Organisation übertragen werden. Sie bezeichnet dann die Fähigkeit einer Organisation, auch in Krisen handlungsfähig zu bleiben. Ein wichtiges Motto in diesem Kontext ist: „Aktiv statt passiv." In Zeiten von Corona war das gut zu erkennen. Während manche Restaurants angefangen haben, zu liefern, fertige Mahlzeiten zuzubereiten und in Boxen zu verkaufen oder andere kreative Sachen ausprobierten, haben andere gewartet, bis sie endlich wieder öffnen durften. In der Regel werden die aktiven Unternehmen nach der Krise stärker gewesen sein, bei den anderen wurde es hingegen möglicherweise kritisch.

Die vier Fähigkeiten von resilienten Organisationen

Nach dem Psychologen Erik Hollnagel zeichnen sich resiliente Organisationen durch vier Fähigkeiten aus:

- Antizipation zukünftiger Entwicklungen
- Identifikation von gefährdenden Veränderungen außerhalb und innerhalb der Organisation
- Reaktion auf unvorhergesehene Ereignisse
- Lernen aus vergangenen Ereignissen

Was bedeuten diese vier Fähigkeiten konkret?

Resiliente Organisationen sind zukunftsorientiert. Sie sind in der Lage, zukünftige Entwicklungen und damit eventuell einhergehende Risiken vorwegzunehmen und auf sie vorbereitet zu sein. Sie haben in gewisser Weise ein Frühwarnsystem entwickelt, dass es ihnen ermöglicht, Gefährdungen innerhalb und außerhalb des Unternehmens rechtzeitig zu erkennen und gegenzusteuern. Außerdem passen sie sich kontinuierlich an sich verändernde Bedingungen an. Darüber hinaus sind sie in der Lage, auf unvorhergesehene Ereignisse flexibel zu reagieren, und können ihre Strategie schnell ändern, wenn sie nicht zielführend ist. Resiliente Organisationen zeichnen sich zudem dadurch aus, dass sie vergangene Ereignisse nicht einfach abhaken, sondern sie reflektieren und analysieren, um aus ihnen zu lernen.

Schnell-Check: Ist Ihr Unternehmen resilient?

Für eine kurze Selbsteinschätzung beantworten Sie möglichst ehrlich und unvoreingenommen folgende zehn Fragen.

Trifft diese Aussage auf Ihr Unternehmen zu?	ja	nein	teilweise
Wir sind immer up to date. Meistens gehören wir zu den Ersten, die Neuerungen einführen.	☐	☐	☐
Meine Vorgesetzten kommunizieren strategische Entscheidungen offen.	☐	☐	☐
In meinem Unternehmen werden Schwierigkeiten und mögliche Risiken für die Mitarbeiter transparent gemacht.	☐	☐	☐
Mein Unternehmen reagiert flexibel auf plötzliche Veränderungen, z. B. auf Krisen.	☐	☐	☐
Ich habe das Gefühl, dass der gleiche Fehler in meinem Unternehmen nicht zweimal oder zumindest nicht dreimal passiert.	☐	☐	☐
In meinem Unternehmen wurden ein gutes Konfliktmanagement und eine offene Gesprächskultur etabliert.	☐	☐	☐
Wenn ein Projekt aus dem Ruder läuft, versuchen alle, dazu beizutragen, das Ruder noch rumzureißen.	☐	☐	☐
Wenn ein Projekt schiefgelaufen ist, analysieren die Beteiligten die Ursachen dafür.	☐	☐	☐
Mein Unternehmen achtet darauf, dass in den Teams ein gutes Team-Klima herrscht.	☐	☐	☐
In meinem Unternehmen wird konstruktiv mit Fehlern umgegangen.	☐	☐	☐
Gesamtpunkte (Summen)			

Auswertung: Je öfter Sie „ja" angekreuzt haben, desto resilienter ist Ihr Unternehmen. Prüfen Sie alle Punkte mit „nein" und „teilweise" und überlegen Sie, welche Punkte Sie beeinflussen können.

Hinweis: Resilienzfördernde Unternehmenstrukturen

Damit eine resiliente Organisation mit diesen Fähigkeiten entstehen kann, müssen die Strukturen im Unternehmen so sein, dass sie resilienzfördernde Führung ermöglichen. Führungskräfte brauchen zum Beispiel Freiräume, um die Resilienz bei ihren Mitarbeitern überhaupt fördern zu können.

Aktion: Reflektieren Sie Ihre Resilienz in der Mitarbeiterführung

Welche Punkte erfüllen Sie aus Ihrer Sicht schon richtig gut?

Wie zeigt sich das positiv im Team?

Welche Punkte könnten Sie noch verbessern?

Welche Veränderungen oder Verbesserungen erhoffen Sie sich für Ihr Team, wenn es Ihnen gelingt, das zu verändern oder zu verbessern?

Wenn Sie drei konkrete Vorhaben benennen müssten, um Ihre Resilienz in der Führung – als Vorbild oder Förderer – zu verbessern, welche wären das?

1.

2.

3.

Von welchen Menschen brauchen Sie für die Umsetzung Ihrer Ideen Unterstützung?

Was wünschen Sie sich von Ihrer Organisation oder Ihrem Vorgesetzten?

Welchen Einfluss können Sie selbst auf die Realisierung dieser Wünsche ausüben?

Welche sonstigen wichtigen Erkenntnisse hatten Sie?

Resilienz in Teams

Team-Resilienz beschreibt laut Meneghel die Fähigkeit eines Teams, sich schnell von Krisen oder sonstigen Belastungen zu erholen. Man könnte nun annehmen, dass viele Individuen mit hoher Resilienz-Kompetenz ein sehr resilientes Team ergeben. Diese Annahme greift jedoch zu kurz. Team-Resilienz ist ein dynamischer Prozess, bei dem die Interaktion der einzelnen Teammitglieder entscheidend ist. Deshalb kommt es bei der Förderung von Resilienz in Teams nicht nur auf die Stärken der Einzelnen, sondern immer auch auf interpersonale Prozesse und das Umfeld an.

Eingebundenes vs. isoliertes Team

Das Umfeld und somit das Unternehmen, in dem Individuen und Teams miteinander interagieren, hat eine starke Auswirkung auf die individuelle Resilienz und die Team-Resilienz. Das erklärt auch, warum Resilienz-Trainings in Form von isolierten Einzelmaßnahmen kaum eine Wirkung auf die Gesundheit der Mitarbeiter haben. Deshalb setzen moderne Ansätze des betrieblichen Gesundheits- und Resilienz-Managements auf ganzheitliche Maßnahmen, die sich zum Beispiel auch auf die strategischen Ausrichtungen und Unternehmensstrukturen auswirken. Nur wenn Maßnahmen zur Resilienzförderung Teil eines umfassendes Gesamtkonzeptes sind, können die gewünschten Effekte auf die Mitarbeitergesundheit erzielt werden.

Team-Ressourcen und Team-Prozesse

Bei der Konzipierung solcher ganzheitlichen Maßnahmen zur Resilienzförderung ist es (laut Soucek et al.) auf allen Ebenen der Organisation empfehlenswert, zwischen Ressourcen und Prozessen zu unterscheiden. Ressourcen sind Eigenschaften einer Person, eines Teams oder einer Gesamtorganisation. Wohingegen Prozesse Verhaltensweisen sind, die eine erfolgreiche Bewältigung eines Problems oder einer Krise ermöglichen.

Bezogen auf einzelne Mitarbeiter bedeutet das, zwischen personalen Ressourcen, die nur schwer beeinflussbar sind (z. B. Selbstwirksamkeitserwartung und Optimismus), und Verhaltensweisen, die leichter trainiert werden können (z. B. Lösungsorientierung und Emotionsregulation), zu unterscheiden. Die gleiche Unterscheidung kann auch auf der Team-Ebene getroffen werden. Im Team können Team-Ressourcen, wie das Team-Klima, und Team-Verhaltensweisen, wie die Anpassungsfähigkeit des Teams, voneinander abgegrenzt werden. Auch hier gilt, dass die Ressourcen des Teams deutlich schwieriger zu beeinflussen sind als die Prozesse im Team.

Wechselwirkungen zwischen Mitarbeiter- und Team-Ressourcen

Zwischen den Ressourcen und Verhaltensweisen eines Mitarbeiters und den Ressourcen und Prozessen des Teams bestehen verschiedene Wechselwirkungen. So beeinflusst beispielsweise eine positive Grundhaltung des Mitarbeiters auch die Stimmung im gesamten Team und andersherum ist ein gutes Team-Klima zuträglich für die emotionale Balance einzelner Teammitglieder. Das ist auch der Grund dafür, dass Maßnahmen zur Resilienzförderung nicht nur auf der Ebene der Mitarbeiter ansetzen sollten. Um eine langfristige Wirkung zu erreichen, müssen alle Ebenen samt Wechselwirkungen in den Blick genommen werden. Denn eins ist klar: Resilienzförderung heißt nicht, den Mitarbeiter so stark zu machen, dass er alles erträgt, was um ihn herum passiert. Sondern das Ziel muss eine ganzheitliche Resilienzförderung sein, die sowohl die individuelle Resilienz des Mitarbeiters stärkt als auch die Resilienz des Teams und der Organisation. Denn nur dann, wenn alle Ressourcen und Prozesse aufeinander abgestimmt sind und die Organisation resilientes Verhalten zulässt oder sogar fördert, können Mitarbeiter und Teams resilient werden.

Krisen im Team meistern – Schlüsselelemente für resiliente Teams

Es ist völlig normal, dass Teams hin und wieder durchgerüttelt werden und in eine Krise geraten. Das bedeutet, dass das Team nicht genügend Ressourcen hat, um die Anforderungen, die an es gestellt werden, zu bewältigen. Eine solche Anforderung kann entweder von außen kommen und zum Beispiel durch veränderte Aufgaben, einen Vorgesetztenwechsel, Beförderungen oder durch die Kündigung von Kollegen ausgelöst werden. Sie kann aber auch im Team selbst, zum Beispiel durch krankheitsbedingte Ausfälle, durch Veränderungen der individuellen Ressourcen oder durch zwischenmenschliche Auseinandersetzungen entstehen. Manchmal können die Anforderungen so groß sein, dass Teams daran zerbrechen. Ein Auseinanderbrechen des Teams ist umso wahrscheinlicher, je weniger resilient das Team ist. Einem resilienten Team hingegen gelingt es, die Diskrepanz zwischen den Anforderungen und Ressourcen rechtzeitig zu erkennen und sich flexibel anpassen.

Resiliente Teams

Die Frage ist: Wie kann ein weniger resilientes Team resilienter werden und wodurch zeichnen sich resiliente Teams aus? Auch in weniger resilienten Teams haben alle Teammitglieder Resilienz-Ressourcen und Stärken, die vielleicht nur noch nicht richtig eingesetzt werden können. Das kann daran liegen, dass sich die Teammitglieder ihrer Stärken noch nicht bewusst sind, oder daran, dass es das Umfeld nicht zulässt, diese Stärken einzubringen. Um die Resilienz im Team zu fördern, ist es wichtig, die eigenen Stärken zu kennen und zu nutzen. So können alle von Synergieeffekten innerhalb des Teams profitieren.

Neben diesen Synergieeffekten, die auf den Seiten 142–143 genauer beschrieben werden, können mehrere Schlüsselelemente für die Ressourcen und Prozesse eines resilienten Teams benannt werden, die es dem Team ermöglichen, belastende Zeiten und Krisen zu meistern und sogar gestärkt aus ihnen hervorgehen kann.

Der folgende Schnell-Check unterstützt Sie dabei, zu überprüfen, wie gut die Resilienz in Ihrem Team schon ist, und liefert Ihnen Ansatzpunkte für die Resilienzförderung.

Schnell-Check: Ist Ihr Team resilient?

Mithilfe eines Schnell-Checks können Sie erfahren, wie es um die Resilienz in Ihrem Team bestellt ist. Für eine kurze Selbsteinschätzung beantworten Sie möglichst ehrlich und unvoreingenommen folgende zwölf Fragen.

Trifft diese Aussage auf Ihr Team zu?	ja	nein	teil-weise
Erkennt Ihr Team rechtzeitig Handlungsbedarf, wenn eigene Ressourcen nicht ausreichend sind?	☐	☐	☐
Prüft Ihr Team regelmäßig, ob das Verhalten des Teams/ die Prozesse zielführend sind?	☐	☐	☐
Kann Ihr Team auf Diskrepanzen zwischen Anforderungen und Ressourcen flexibel reagieren?	☐	☐	☐
Kann sich Ihr Team schnell und flexibel an veränderte Bedingungen anpassen? Beispiel: Ein Kollege fällt krankheitsbedingt aus.	☐	☐	☐
Hat Ihr Team die Fähigkeit, aus vorangegangenen Krisen zu lernen?	☐	☐	☐
Kann Ihr Team eine schwierige Situation realistisch einschätzen?	☐	☐	☐
Kennt Ihr Team die eigenen Ressourcen, die eine erfolgreiche Bewältigung einer Krise oder eines Problems ermöglichen?	☐	☐	☐
Plant Ihr Team ausführlich, wie es an ein Problem oder eine schwierige Situation herangehen will?	☐	☐	☐
Kann sich Ihr Team als Ganzes und jeden Einzelnen gut reflektieren?	☐	☐	☐
Sind die einzelnen Teammitglieder dazu bereit, eigene Überzeugungen und Annahmen zu hinterfragen und zu überprüfen?	☐	☐	☐
Erkennt Ihr Team rechtzeitig, wenn es Hilfe von außen benötigt, und holt sich diese dann auch?	☐	☐	☐
Ist es dem Einzelnen möglich, seine (Resilienz-)Kompetenzen in das Team einzubringen?	☐	☐	☐
Gesamtpunkte (Summen)			

Auswertung: Je öfter Sie „ja" angekreuzt haben, desto resilienter ist Ihr Team. Prüfen Sie alle Punkte mit „teilweise" und „nein" und überlegen Sie, was Sie tun können, um die Resilienz Ihres Teams zu fördern.

Stärken stärken:
Das Teammitglied mit hoher Resilienz-Kompetenz

Wenn Arbeitsgruppen überdurchschnittliche Ergebnisse erzielen wollen, müssen sie zu echten Teams werden. Dafür kann die Resilienz-Kompetenz jedes einzelnen Teammitglieds einen wertvollen Beitrag leisten.

	Teammitglied mit hoher Kompetenz im Bereich Akzeptieren	**Teammitglied mit hoher Kompetenz im Bereich Fühlen**
Die beste Teamrolle	Zukunftsorientierer im Team. Er setzt sich dafür ein, unveränderliche Dinge anzunehmen und den Blick nach vorne zu richten.	Kann Tiefpunkte abfedern und hilft anderen dabei, die emotionale Balance zu behalten.
Grundorientierung	**Klare Verantwortlichkeiten** Zuständigkeiten benennen und Unveränderliches klarmachen.	**Klare Gefühlslage** Sich Emotionen bewusst machen und sie bewusst lenken.
Stärken	❙ Akzeptiert unveränderbare Dinge. ❙ Glaubt an den Erfolg. ❙ Klärt Verantwortlichkeiten.	❙ Sorgt für positives Team-Klima. ❙ Lenkt die Stimmung im Team. ❙ Kommt nicht aus der Ruhe.
Kommt am besten mit Teammitgliedern zurecht, die …	… bereit sind, Dinge stehen zu lassen und zu akzeptieren – auch wenn es schwerfällt. … zukunftsorientiert denken und handeln und sich für ihr eigenes Handeln verantwortlich fühlen.	… bereit sind, ihre eigenen Impulse zu hinterfragen und gegebenenfalls zurückzustellen. .. die positiv gestimmt sind und sich nicht in negative Gedankenspiralen reinziehen lassen.
Braucht Teammitglieder, die …	… Verantwortung für ihr eigenes Handeln übernehmen und zu ihren Entscheidungen stehen. … von ihren eigenen Fähigkeiten überzeugt sind und selbstbewusst an Aufgaben herangehen.	… in emotionaler Balance sind und eigene Impulse, wenn nötig, zurückstellen. … sich gegenseitig motivieren und wissen, wie sie ihre Emotionen steuern können.
Hinweise für mehr Effektivität	Akzeptierende Grundhaltung offen kommunizieren, sodass diese allgemein angenommen werden kann. Die Fähigkeiten des Teams betonen und auf vergangene Erfolge hinweisen, um das Team zu motivieren.	Gefühle und Stimmungen bewusst so einsetzen, dass diese die Ausführung von Aktivitäten und das Überwinden von Widerständen in der Gruppe erleichtern.

Jedes Teammitglied wird umso resilienter und erfolgreicher sein, je mehr es gelingt, die eigenen Stärken voll einzusetzen. Ein Schlüsselfaktor der Teamarbeit ist es also, die Bedürfnisse des Einzelnen zu kennen, Raum zur Entfaltung zu geben und die Stärken zu stärken.

	Teammitglied mit hoher Kompetenz im Bereich Orientieren	**Teammitglied mit hoher Kompetenz im Bereich Verstehen**
Die beste Teamrolle	Lösungsfinder im Team. Er holt, wenn nötig, Hilfe von außen und unterstützt dabei, Lösungen zu entwickeln.	Analyst im Team. Er sorgt für objektive Analysen von Situationen und Menschen.
Grundorientierung	**Klare Vorgehensweisen** Möglichkeiten und Chancen nutzen, Anstöße zum Reflektieren mit der Gruppe geben.	**Klare Analysevorgänge** Prozesse strukturieren und analysieren, eigenes und fremdes Verhalten hinterfragen.
Stärken	▪ Bleibt auch bei Hindernissen zuversichtlich. ▪ Sucht geeignete Unterstützer. ▪ Schlägt Lösungen vor.	▪ Sorgt für verständnisvolles Miteinander. ▪ Achtet auf andere. ▪ Regt objektive Situations- und Problemanalysen an.
Kommt am besten mit Teammitgliedern zurecht, die …	…Spaß daran haben, verschiedene Lösungsmöglichkeiten auszuprobieren. … andere um Rat fragen und Unterstützung annehmen. …grundsätzlich davon ausgehen, dass mehr gute als schlechte Dinge passieren.	… bereit sind, das Zustandekommen von Problemen und Situationen bis ins letzte Detail zu untersuchen. … versuchen, andere Menschen zu verstehen, und sich gut in andere Menschen hineinversetzen können.
Braucht Teammitglieder, die …	… Lösungsvorschläge wertschätzen, aber auch sicherstellen, dass diese zielgerichtet erfolgen. … bereit sind, kreativ zu denken und unterschiedliche Wege auszuprobieren.	… dafür sorgen, dass Prozesse und Verhaltensweisen regelmäßig hinterfragt werden. … die bereit sind, sich in andere hineinzuversetzen und ggf. Rücksicht zu nehmen.
Hinweise für mehr Effektivität	Das eigene Lebens- und Arbeitsumfeld selbst gestalten. Nicht zu optimistisch an Projekte herangehen, auch Schwierigkeiten bedenken.	Auch und besonders in Druck- und Stresssituationen nicht alles bis ins kleinste Detail analysieren. Sich nicht zu sehr vom Mitgefühl leiten lassen.

Resilienzfördernde Teamkultur: Beschleunigende und blockierende Prozesse

Es ist wichtig, im Team eine Kultur zu etablieren, die die Resilienz fördert statt hemmt. Einem Team gelingt dies besser, einem anderen weniger gut. In jedem Fall sollte man die Verbreitung einer resilienzfördernden Kultur im Auge behalten und tatkräftig unterstützen.

Hierbei kann es helfen, die Besonderheiten beschleunigender und blockierender Prozesse im Team zu kennen und sie regelmäßig zu überprüfen.

	Beschleuniger für eine Resilienz-Kultur	**Blockierer für eine Resilienz-Kultur**
Umgang mit Vorschlägen und Meinungen	Jedes Teammitglied tritt selbstbewusst und zuversichtlich auf; macht Unterschiede und Abweichungen von Weg-Ziel-Strategien deutlich und thematisiert mögliche Gegensätze; stellt übliche Wege infrage.	Die Teammitglieder ignorieren Kritik, vermeiden offene Fragen und Unannehmlichkeiten. Sie blockieren sich und andere durch impulsive und voreilige Herangehensweisen.
Umgang mit neuen Wegen und Ideen	Einzelne Teammitglieder können gut zuhören, formulieren aber auch klar den eigenen Standpunkt und gehen an gemeinsame Aufgaben mit positiven Erwartungen heran.	Es werden unterschwellige Andeutungen und Hinweise gemacht, andere werden auf „freundliche" Art und Weise manipuliert. Teamvorschläge werden missachtet bzw. übersehen. Generell herrscht Unzufriedenheit vor.
Umgang mit unveränderlichen Dingen	Einzelne Teammitglieder erkennen schnell, wenn etwas nicht mehr geändert werden kann, sorgen dafür, dass sich das Team nicht zu lange mit unveränderbaren Dingen aufhält, und lenken den Blick in die Zukunft.	Es wird endlos lange überlegt, was gewesen wäre wenn. Der Fokus liegt auf der Vergangenheit und es fällt dem Team schwer, den Blick in die Zukunft zu richten.

	Beschleuniger für eine Resilienz-Kultur	Blockierer für eine Resilienz-Kultur
Umgang mit externen und internen Anforderungen	Jedes Teammitglied kennt seine Stärken und vertraut auf seine Fähigkeiten. Dadurch erkennt das Team schnell, wenn es innere oder äußere Anforderungen nicht bewältigen kann, und holt sich rechtzeitig Hilfe.	Die Teammitglieder kennen ihre eigenen Stärken nicht und glauben nicht daran, dass sie als Team gemeinsam die Fähigkeit haben, Anforderungen zu bewältigen. Sie ignorieren Gefühle der Überforderung.
Umgang mit dem Wir-Gefühl	Das Team nutzt Anekdoten aus seiner Geschichte und Humor, um das Wir-Gefühl zu stärken. Gedanken können frei geäußert werden. Die Teammitglieder empfinden grundsätzlich Sympathie füreinander.	Teammitglieder demonstrieren Abgrenzung oder Indifferenz gegenüber den anderen. Das Team kümmert sich wenig um die Entwicklung einzelner Teammitglieder.
Umgang mit Konfliktsituationen	Das Team sorgt für Konsensbildung in Konfliktsituationen. Es nimmt sich Zeit, um auch unangenehme Dinge anzusprechen, und gibt Hoffnungen und Träume auf fantasievolle Weise weiter.	Es dominieren die eigenen Unsicherheiten. Selbst bei kleinen Konflikten reagieren Teammitglieder schnell emotional. Feindselige Gefühle bedrohen die Realisierbarkeit von Projekten im Team.
Umgang mit eigenen emotionalen Herausforderungen	Eigene emotionale Niederlagen (z. B. Scheitern kurz vor einer Beförderung) können in der Gruppe besprochen werden. Die Gruppe kann zum Auftanken genutzt werden.	Teammitglieder können eigene Gefühle schlecht kontrollieren, weshalb sie auf Kritik oft impulsiv oder mit Rückzug reagieren.

Aktion: Reflektieren Sie Ihre Team-Resilienz

Welcher der 4 Wege zu mehr Resilienz ist in Ihrem Team Ihrer Wahrnehmung nach am stärksten (notieren Sie ein „S") und welcher ist am geringsten (notieren Sie ein „G") ausgeprägt?

Akzeptieren	☐	☐	**Fühlen**
Verstehen	☐	☐	**Orientieren**

Wie äußert sich die stärkste Ausprägung positiv in Ihrem Team?

Wie äußert sich die geringste Ausprägung negativ in Ihrem Team?

Was haben Sie für sich als Teammitglied erkannt?

Welche Tipps sind Ihrer Meinung nach am wertvollsten für Ihr Team?

Was könnten Sie tun, um Ihrem Team zu mehr Resilienz zu verhelfen?

Resilienz in der Partnerschaft

Wenn der Sturm kommt und zwei sich aneinander festhalten, um nicht wegzufliegen, dann hilft es, wenn beide starke Wurzeln haben und sich gleichzeitig gut biegen können. Genauso ist es mit der Resilienz. Partnerschaft ist Zusammenarbeit auf höchster Ebene. Das bedeutet, es ist entscheidend, was beide tun, nicht, was einer tut.

Wann braucht es überhaupt Resilienz in der Partnerschaft?
Wenn kein Sturm weht, ist es auch kein Problem, wenn ich keinen festen Stand habe. Genauso ist das in Partnerschaften. Sie profitieren von Resilienz zwar auch im Normalzustand, aber nur bedingt. Von Resilienz profitieren Sie vor allem dann, wenn der Wind weht. Je stärker er weht, desto mehr brauchen Sie die Resilienz.

Ich bin der Ansicht, es gibt in einer Partnerschaft drei „Zustände":
1. den Normalzustand,
2. den herausfordernden Zustand und
3. den außergewöhnlichen Zustand.

Im Normalzustand brauchen Sie in der Regel keine besondere Stärke. Genauso wenig wie der Gesunde einen Arzt braucht. Die Partnerschaft ist (mehr oder weniger) in Balance. Der Normalzustand kann in unterschiedlichen Beziehungen Unterschiedliches bedeuten. In manchen heißt das: Wir sind glücklich. In anderen: So richtig glücklich sind wir nicht, aber wir bleiben zusammen. Auch dann gibt es eine Normalität.

Herausfordernde Zustände sind Zeiten, die von der Normalität abweichen. Es könnte zum Beispiel ein Streit sein. In dem Fall sind beide gleichermaßen herausgefordert. Innere Stärke bedeutet jetzt zum Beispiel, dass man weiß, dass dieser Konflikt nichts daran ändert, dass man von dieser Person geliebt wird. Man darf diesen Konflikt ausarbeiten, das bedeutet aber nicht, dass sich an dem Grundsatz der Zuneigung etwas ändert. Idealerweise reagiert man jetzt empathisch auf den anderen, doch oft funktioniert das gerade mitten in den Herausforderungen nicht. Man sagt Dinge, die man nicht mehr zurücknehmen kann. Das kann den anderen verletzen. Das wiederum kann dazu führen, dass ich selbst verletzt werde. Innere Stärke bedeutet jetzt, trotzdem weiterzumachen. Zu akzeptieren, dass man etwas gesagt hat, was man nicht sagen wollte – aber nicht zurücknehmen kann. Herausfordernde Zustände brauchen mehr innere Stärke. Manche Beziehungen überstehen einen Streit nicht, weil genau das fehlt. Herausfordernde Zustände können auch ein neues Baby im Leben von zwei Menschen sein. Plötzlich sind die Dinge anders. Man hat weniger Zeit. Weniger Schlaf, ist gereizter. Da hilft es, wenn innere Stärke auf beiden Seiten da ist, um solche Zeiten zu überstehen und sogar stärker aus ihnen hervorzugehen.

Und dann gibt es die außergewöhnlichen Zustände. Ein Schicksalsschlag. Zum Beispiel, wenn ein Partner die Diagnose Krebs erhält. Jetzt zeigt sich, wie sehr der andere Partner wirklich unterstützen kann. Wie weit seine Empathie reicht, ob er vielleicht Wochen oder Monate auf den „normalen" Partner verzichten und jemandem beistehen kann, der volle Unterstützung braucht. Inwieweit bin ich selbst dann bereit und in der Lage, meine Bedürfnisse zurückzustellen, um dem anderen etwas von meiner Stärke abzugeben? Ihm Hoffnung zu geben? Ihm zu verzeihen, wenn er mehr als sonst verletzend ist? Und an die Partnerschaft zu glauben, auch wenn sie vielleicht vorrübergehend ganz anders ist, als man sich das vorgestellt hat? Wenn ein Partner jahrelang im Koma liegt und gar nicht klar ist, wie die Prognose ist, kann Stärke auch bedeuten, das eigene Leben weiterzuleben. Denn das hätte der andere sich vermutlich gewünscht. Es gibt so viele Facetten, so viele Möglichkeiten – doch egal, was passiert: Die Frage ist, was Sie aus dem bauen, was Ihnen in den Weg gelegt wird.

Integrieren Sie die 4 Wege zu mehr Resilienz in Ihren Alltag – ihre Wirkung wird sich vor allem dann zeigen, wenn es stürmisch wird.

Wie die 4 Wege zu mehr Resilienz Ihre Partnerschaft bereichern

Resilienz fängt immer zuerst bei Ihnen selbst an. Versuchen Sie daher nicht, Ihren Partner zu ändern, sondern nutzen Sie die folgenden Tipps in erster Linie dazu, mit Ideen und Möglichkeiten innerhalb Ihres Einflussbereichs Veränderungen anzustoßen.

Weg 1: Akzeptieren	Wie der Faktor Ihre Partnerschaft bereichern kann	Tipps für die partnerschaftliche Entwicklung
Akzeptanz	Sich selbst zu akzeptieren und auch den anderen so zu akzeptieren, wie er ist, ist die Grundlage für jede gesunde Partnerschaft. Es kann sein, dass Sie sich von bestimmten Wünschen verabschieden müssen. Etwas anzunehmen kann aber auch bedeuten, sich zu wünschen, dass es anders ist, aber trotzdem mit dem, was ist, einverstanden zu sein.	▌ Verabschieden Sie sich von Gedanken wie „Es wäre so schön, wenn der andere mir Blumen bringen würde", wenn er das einfach nicht tut, sondern freuen Sie sich über das, was der andere tut. ▌ Führen Sie ein Dankbarkeitstagebuch über und für Ihren Partner. Schreiben Sie ein Jahr lang jeden Tag eine neue Sache auf. Das wird Ihre Haltung völlig verändern.
Selbstwirksamkeitserwartung	Wenn Ihr Partner und Sie selbst an sich und Ihre Fähigkeiten glauben, dann brauchen Sie kein ständiges Bestätigen und Loben. Denn das eigene Selbstkonzept wird ganz automatisch positiver.	▌ Ermutigen Sie Ihren Partner, Herausforderungen (im Job oder auch privat) anzunehmen. ▌ Geben Sie Ihrem Partner Zeit, Dinge im eigenen Tempo zu schaffen, und ermutigen Sie ihn auf dem Weg dahin.
Verantwortung	Wenn beide Partner verstehen, dass sie selbst verantwortlich für ihr Leben und ihr Glück sind, dann wird das Leben leichter. Schuldzuweisungen werden weniger und Verantwortungszuweisungen auch. Jeder fängt bei sich an und das verändert das Denken und Handeln in einer Partnerschaft völlig. Denn „Du machst mich nicht glücklich" gibt es dann nicht mehr.	▌ Lassen Sie sämtliche „Du-Vorwürfe" in Ihrer Partnerschaft weg. ▌ Machen Sie sich klar, dass jeder Einzelne von Ihnen Verantwortung für sein eigenes Leben hat und dass Sie gleichzeitig gemeinsam Verantwortung für Ihre Partnerschaft tragen. ▌ Verantwortung bedeutet auch Freiraum geben. Geben Sie dem anderen die Möglichkeit, selbst Entscheidungen zu treffen und zu handeln. Nur so kann Verantwortung entwickelt werden. Einengen ist in einer Partnerschaft das Gegenteil von Verantwortung geben.

Weg 2: Fühlen	Wie der Faktor Ihre Partnerschaft bereichern kann	Tipps für die partnerschaftliche Entwicklung
 **Positive Emotionen**	Wovon ist Ihre Partnerschaft auf emotionaler Ebene geprägt? Von Unzufriedenheit, Eifersucht, Verlustängsten, unerfüllten Erwartungen oder Zukunftssorgen? Oder von Zufriedenheit, Vertrauen, Freude und Verständnis? Wenn Ihre Partnerschaft von positiven Emotionen geprägt ist, wird das jede Faser Ihres Seins verändern. Dabei kommt es einerseits auf die Emotionen jedes einzelnen Partners an und andererseits auf die gemeinsamen. Wenn Ihr Partner ständig unzufrieden ist oder sich benachteiligt fühlt, kann das auf Dauer zum Problem werden.	▪ Statt Ihrem Partner zu erzählen, was am Tag schiefgelaufen ist, berichten Sie doch mal eine Woche lang nur über das, was gut lief, und schauen Sie, wie sich das auf Ihre Beziehung auswirkt. ▪ Erwarten Sie von Ihrem Partner nicht, dass er für Ihr gutes Gefühl zuständig ist. Ihre Zufriedenheit mit sich und dem Leben sollten Sie in erster Linie aus sich selbst schöpfen. Wenn Ihr Partner das anders sieht: Formulieren Sie ganz eindeutig Ihre Haltung dazu. ▪ Entscheiden Sie sich, volles Vertrauen zu Ihrem Partner zu haben. Entscheiden Sie sich, sich auf die Zukunft zu freuen, statt sich Sorgen zu machen. Wenn nötig, entscheiden Sie das immer wieder neu. Reden Sie nicht stundenlang mit Freunden darüber, ob Ihr Partner Sie vielleicht betrügt oder verlässt. Je weniger Sie sich auf Ihr Unglück fokussieren, desto leichter wird das.
 **Impulskontrolle**	In der Regel haben wir in Partnerschaften die niedrigste Impulskontrolle. Wir ärgern uns schneller und wir freuen uns schneller. Wir sagen schneller etwas „nicht so Nettes" oder bringen den Müll schnell selbst raus, weil der andere es „mal wieder nicht auf die Kette bekommen" hat. Wenn Sie in der Partnerschaft an der Impulskontrolle arbeiten, reduzieren sich automatisch Konflikte.	▪ Sprechen Sie darüber, welche typischen Impulse die beiden Parteien in Ihrer Partnerschaft haben, z. B. laut werden, im Streit einfach den Raum verlassen, Teller runterwerfen, beleidigt reagieren. Welcher Impuls stört Ihren Partner am meisten? Fangen Sie an, diesen Impuls zu reduzieren oder zu beseitigen. ▪ Durchbrechen Sie diejenigen Ihrer impulsiven Reaktionen, die selbstzerstörerisch sind. In der Regel wissen wir, welche das sind. Nutzen Sie dafür die Methoden auf Seite X. ▪ Machen Sie sich bewusst, dass Impulskontrolle eine Stärke ist. Man muss nicht lautstark streiten können.

Weg 3: Orientieren	Wie der Faktor Ihre Partnerschaft bereichern kann	Tipps für die partnerschaftliche Entwicklung
Realistischer Optimismus	Es macht einen großen Unterschied für die Stimmung in der Partnerschaft, wenn Sie davon ausgehen, dass etwas gut gehen wird. Wenn beide daran glauben, dass sie fest zusammenbleiben, weil sie sich füreinander entschieden haben, und in dieser Grundhaltung leben, bietet das ein anderes Fundament, als wenn gezweifelt wird. Es kann immer etwas schiefgehen, doch gehen Sie davon nicht aus.	▌Aus Angst vor unerfüllten Erwartungen gehen viele Menschen lieber vom schlechten Ergebnis aus. Ändern Sie das mithilfe der Strategien auf Seite X. Gehen Sie mindestens vom realistischen, besser noch vom optimistischen Fall aus. Glauben Sie beispielsweise daran, dass Sie für immer zusammenbleiben, dass Sie bei bisher unerfülltem Kinderwunsch eine gute Lösung finden werden, dass Sie Ihren Job behalten und so das Haus bezahlen können etc.
Lösungsorientierung	Das Leben in einer Partnerschaft läuft selten wie geplant. Halten Sie nicht an einer Sache fest. Weder am Haus noch am Auto oder an einem einzigen Lebensplan. Sonst sind Enttäuschungen praktisch vorprogrammiert.	▌Wenn etwas nicht läuft wie geplant, fragen Sie: „Wie sonst kann es funktionieren?" „Was sonst kann ich tun?" ▌Sprechen Sie in der Partnerschaft offen über das, was Sie auf jeden Fall haben wollen: Kinder, Immobilien etc. Sprechen Sie auch darüber, was wäre, wenn das nicht in Erfüllung geht. Wichtig ist, optimistisch Plan A zu verfolgen, aber gleichzeitig zu wissen, dass es nicht das Ende bedeutet, wenn dieser nicht funktioniert.
Soziale Unterstützung	So hart es klingt: Jede Partnerschaft ist gefährdet, in einer „Einzelschaft" zu enden. Durch Trennungen, Unfälle oder sonstige Vorkommnisse. Wir gehen nicht davon aus, dass das passiert (Optimismus!), doch Ihr soziales Netzwerk sollte sich nicht nur auf Sie beide beschränken. Denn wer ist da, wenn der andere weg ist?	▌Holen Sie sich Unterstützung von Ihrem Partner. Trauen Sie sich, das auch zu äußern. Manche erwarten, dass der Partner ahnt, dass man Hilfe braucht. Viel leichter ist es, wenn er es durch Ihre Kommunikation weiß. ▌Pflegen Sie Freundschaften, egal wie glücklich Sie mit Ihrem Partner sind. ▌Machen Sie gemeinsam einen regelmäßigen Check-up: Welche Personen wollen wir mehr (oder weniger) in unserem Leben haben?

Weg 4: Verstehen	Wie der Faktor Ihre Partnerschaft bereichern kann	Tipps für die partnerschaftliche Entwicklung
Kausal-analyse	Viele Probleme in Partnerschaften sind über Jahre hinweg ähnlich. Und auch über Partnerschaften hinweg. Wer häufig das Feedback bekommt, zu wenig aufmerksam zu sein, wird das wahrscheinlich auch beim nächsten Partner so erleben. Viel besser, als einfach immer wieder den Partner deshalb zu verlassen, ist es daher, diese Probleme anzugehen und an ihrer Wurzel zu packen.	- Wenn Sie ein Feedback mehrfach bekommen („Es stört mich, dass ..." oder „Es fehlt mir, dass ..."), dann forschen Sie ausführlich in Ihrem Inneren nach: Hängen Glaubenssätze daran? Können oder wollen Sie dieses Verhalten ändern? - Wenn ein Thema (Klassiker: die Zahnpastatube) immer wieder Konflikte hervorruft, sprechen Sie darüber, wie dieses Problem für immer beseitigt werden kann. - Finden Sie sich nicht vorschnell mit dem Gedanken „Der ist halt so, da kann man eh nichts ändern" ab, sondern überlegen Sie: Wie könnten Sie Ihr Verhalten verändern, sodass sich eventuell beim anderen etwas tut? - Sprechen Sie nach Konflikten darüber, wie Sie diese in Zukunft verhindern oder besser austragen können. Konflikte gehören dazu, es sollten nur nicht immer die gleichen sein.
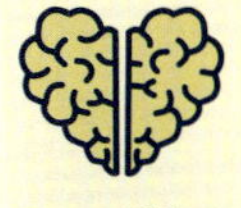 **Empathie**	Empathie schafft Vertrauen. Vertrauen wiederum ist die Grundlage jeder Beziehung. Dazu gehört, dass Sie die Bereitschaft mitbringen, sich zu öffnen für die Gedanken und Gefühle des anderen. Und vielleicht auch bereit sind, die eigene Haltung zu einem Thema zu ändern.	- Wenn der andere mal wieder so reagiert, dass Sie gar nicht verstehen, was gerade los ist: Lassen Sie sich bewusst auf die Gedanken und Gefühle des anderen ein. Fragen Sie nach: „Was macht das mit dir?" „Kannst du mir sagen, was du dir anders vorgestellt hast?" Ziel ist es, zu verstehen, wie der andere denkt und fühlt, um besser auf ihn eingehen zu können. - Gehen Sie grundsätzlich davon aus, dass der andere es gut mit Ihnen meint. In vielen Beziehungen fehlt dieses Grundvertrauen und so werden schon kleine Fehlinterpretationen aufgrund anderer Denk- und Handlungsweisen zum Auslöser für größere Konflikte

Aktion: Reflektieren Sie gemeinsam Ihre Resilienz und die Ihres Partners

Um einen Einblick in die Resilienz Ihres Partners zu bekommen, können Sie gemeinsam diese Übung machen. Nehmen Sie sich 30 Minuten Zeit und besprechen Sie die Fragen. Jeder antwortet für sich. Halten Sie die Antworten stichpunktartig fest.

Tragen Sie hier zunächst Ihre Namen ein:

Partner 1 (das sind Sie): ____________________

Partner 2 (das ist Ihr Partner): ____________________

Welcher der 4 Wege zu mehr Resilienz ist bei uns jeweils am stärksten (notieren Sie ein „S") und welcher ist am geringsten (notieren Sie ein „G") ausgeprägt?

1.	**Akzeptieren**	☐	☐	**Fühlen**
	Verstehen	☐	☐	**Orientieren**
2.	**Akzeptieren**	☐	☐	**Fühlen**
	Verstehen	☐	☐	**Orientieren**

Wie äußert sich das in unserer Beziehung?

1.

2.

Welche Stärken in unserer Beziehung helfen uns, dass unsere Partnerschaft auch Krisen und Stürme überstehen kann?

1.

2.

Was denkst du, welche Stärken bringt Partner 1 besonders ein?

1.

2.

Was denkst du, welche Stärken bringt Partner 2 besonders ein?

1.

2.

Können Partner 1 und 2 das, was eben über sie gesagt wurde, bestätigen?

1.

2.

Welche Themen in unserer Beziehung bringen uns immer wieder in herausfordernde oder schwierige Situationen?

1.

2.

Was haben wir bereits getan, um diese Themen zu verändern?

1.

2.

Was könnten wir noch tun, damit wir als Paar krisensicherer aufgestellt sind? An welchem der vier Wege sollten wir am meisten arbeiten?

1.

2.

Auswertung: Diese Fragen sollen nur einen Anfang darstellen, um über das Thema Selbstführung ins Gespräch zu kommen. Überlegen Sie, was die nächsten Schritte für Sie als Paar sein könnten.

Resilienz in der Erziehung

Jeder, der selbst Kinder hat, kennt es: das strahlende Lächeln von Babys und Kleinkindern, wenn ihnen etwas gelungen ist. Zum Beispiel, wenn sie es das erste Mal geschafft haben, sich zu drehen. Oder aufzustehen. Oder ein Puzzle zu machen. In den ersten Jahren lernen Kinder so unfassbar viel. Der komplette Bewegungsapparat kommt in Gang, sie lernen zu sprechen, sie lernen, sich in ihrer Umgebung zurechtzufinden. Sie lernen, wer sie selbst sind. Sie lernen laufen, lesen, schreiben, rechnen und Fahrrad fahren. Warum nehmen alle Eltern die Mühe auf sich, ihren Kindern etwas beizubringen? Kinder sollen selbstbestimmt durchs Leben gehen können. Das ist das Ziel der Mehrheit der Erziehenden. Zu Beginn sorgen Vater, Mutter und andere „Erziehende“ für einen Schutzraum, in dem sich die Kinder ausprobieren und Fehler machen können, ohne schlimme Konsequenzen zu erfahren.

Außerhalb des Schutzraums wächst das Ich

Mit wachsendem Alter der Kinder wird dieser Schutzraum immer mehr geöffnet. Wir Eltern lassen Kinder allein in die Schule gehen. Wir erlauben ihnen, beim Essen ein Messer zu verwenden, oder wir überlassen sie beim Fahrradfahren ihrer eigenen Balance. So wird Kindern mehr zugemutet und mehr Freiheit ermöglicht. Der Schutzraum fällt irgendwann komplett weg. Bis dahin müssen die Kinder ihren eigenen Schutzschild ausgebildet haben. Das gilt einerseits für die ganz praktischen Dinge des Lebens und andererseits auch für die Persönlichkeit. Auf dieser Ebene kann das Schutzschild als Resilienz bezeichnet werden.

Was bewirkt Resilienz bei Kindern?

Resilienz ermöglicht es Kindern, die Herausforderungen des Lebens zu meistern, ohne Schäden davonzutragen. Doch welche Faktoren haben Einfluss auf die Resilienz der Kinder? Und welche können durch die Erziehung beeinflusst werden?

Die erste große Resilienz-Studie von Emmy E. Werner

Die amerikanische Entwicklungspsychologin Emmy E Werner und ihr Team untersuchten in einer Längsschnittstudie über 40 Jahre lang die Entwicklung von 698 Menschen, die im Jahr 1955 auf der Hawaii-Insel Kauai geboren worden waren. Die Studie verfolgte das Ziel, ein besseres Verständnis darüber zu erlangen, welche Bedingungen die psychische Gesundheit und Stabilität bei Kindern, die sozialen und familiären Risiken und Belastungen ausgesetzt sind, erhalten und fördern. Es zeigte sich, dass zwei Drittel der Kinder, die großen Risiken und starken psychischen Belastungen ausgesetzt waren, weil sie zum Beispiel in dauerhafter Armut lebten oder mit einem alkoholkranken oder psychisch kranken Elternteil aufwuchsen, bis zum zehnten Lebensjahr schwere Lern- und Verhaltensstörungen entwickelten und bis zum 18. Lebensjahr straffällig wurden oder selbst psychische Probleme hatten. Ein Drittel der Kinder aus dieser Hochrisikogruppe wuchs jedoch zu fähigen jungen Erwachsenen heran, die keine psychischen Störungen oder Krankheiten hatten. Die Frage ist: Was war bei diesen widerstandsfähigen Kindern anders? Die Antwort: Sie hatten bestimmte schützende und stützende Faktoren innerhalb und außerhalb der Familie. Sie besaßen beispielsweise ein geringeres Maß an Reiz- und Erregbarkeit und ließen sich deshalb nicht so schnell aus der Ruhe bringen. Darüber hinaus zeigten sie gute Problemlösefähigkeiten, konnten Dinge realistisch einschätzen, waren kommunikativ, planvoll und wenig ängstlich.

Was bedeuten Emmy E. Werners Erkenntnisse für die Erziehung?

Eltern haben einen großen Einfluss darauf, ob ihre Kinder resilient werden oder nicht. Je früher sie die Resilienz ihrer Kinder fördern, umso besser. Ein resilienzfördernder Erziehungsstil sorgt dafür, dass Kinder mit dem Erfolg eigener Handlungen rechnen, Problemsituationen aktiv angehen, ihre eigenen Ressourcen effektiv nutzen, an eigene Kontrollmöglichkeiten glauben, aber auch realistisch erkennen können, wann etwas für sie unbeeinflussbar ist. Diese Fähigkeiten tragen dazu bei, dass Stressereignisse oder Problemsituationen weniger als belastend, sondern vielmehr als herausfordernd wahrgenommen werden. Wie Sie das konkret umsetzen können, darum geht es auf den nächsten Seiten.

Wie Sie Resilienz bei Kindern fördern können: Die wichtigen Faktoren

Was ist in der Erziehung wichtig, um Kinder dazu befähigen, aus eigener Kraft die Anforderungen ihres Lebens zu bewältigen? Die Resilienz-Pionierin Emmy E. Werner und andere Resilienzforscher beschreiben ganz unterschiedliche Aspekte, die am Ende gemeinsam dazu beitragen, dass ein Kind resilient oder weniger resilient wird.

Studienergebnisse zur Resilienzförderung bei Kindern

Ein wesentlicher Faktor, der laut Emmy E. Werner dazu führt, dass Kinder resilient werden, ist ein hohes Maß an emotionaler Unterstützung außerhalb der eigenen Familie (Kernfamilie). Bei Schwierigkeiten holen sich resiliente Kinder zum Beispiel Rat bei Nachbarn, Jugendleitern oder Lehrern. So wundert es auch nicht, dass die Schule für sie eine Art zweites Zuhause und einen Zufluchtsort darstellt. Bezugspersonen außerhalb der Familie können für Kinder aus schwierigen Familien eine Art Ersatzeltern und Rollenmodell darstellen und sie dabei unterstützen, selbstständig und resilient zu werden.

Die Ergebnisse aus Werners Kauai-Studie wurden auch in der Mannheimer Risikokinderstudie bestätigt. Zusätzlich dazu weisen die Autoren darauf hin, dass die Mutter-Kind-Beziehung und die damit einhergehende Mutter-Kind-Interaktion entscheidend für die Förderung der Resilienz sind.

Eine weitere Studie zur Resilienz bei Kindern ist die Bielefelder Invulnerabilitätsstudie, die personale und soziale Ressourcen als mögliche Schutzfaktoren für Resilienz untersucht. Hervorzuheben sind die Ergebnisse, dass resiliente Kinder sich von verhaltensauffälligen Kindern durch personale Ressourcen, wie ein positiveres Selbstkonzept, höhere Selbstwirksamkeitserwartungen und ein vermeidendes Bewältigungsverhalten, sowie bessere psychische Akzeptanz unterscheiden. Im Hinblick auf die sozialen Ressourcen hatten die resilienten Kinder unter anderem öfter feste emotionale Bezugspersonen außerhalb der Kernfamilie, größere soziale Netzwerke und waren zufriedener mit der erfahrenen sozialen Unterstützung.

All diese Studien zeigen, dass es nicht allein auf die Eltern ankommt, sondern vor allem auch auf soziale Beziehungen außerhalb der Kernfamilie. Trotzdem haben wir als Eltern die Aufgabe, Kinder zu starken Persönlichkeiten zu erziehen.

Schnell-Check: Leben Sie einen resilienzfördernden Erziehungsstil?
Hier finden Sie einen kurzen Check, der Ihnen dabei hilft, Ihren Erziehungsstil zu reflektieren.

Sind Sie ein resilienzförderndes Elternteil? Für eine kurze Selbsteinschätzung beantworten Sie möglichst ehrlich und unvoreingenommen folgende zehn Fragen.

Trifft diese Aussage auf Sie zu?	ja	nein	teilweise
Wenn mein Kind mich fragt, wie es etwas machen soll, frage ich zurück: „Wie würdest du es selbst gern machen?"	☐	☐	☐
Ich lebe durch mein Beispiel vor, wie man auch in schwierigen Situationen eine Lösung findet.	☐	☐	☐
Wenn mein Kind einen Misserfolg hatte und trotzdem nicht aufgibt, äußere ich mich positiv dazu.	☐	☐	☐
Ich ermögliche meinem Kind, dass es seine eigenen Erfahrungen machen kann, auch wenn ich schon weiß, dass das schiefgehen wird.	☐	☐	☐
Ich erwarte, dass mein Kind bei den täglichen Familienaufgaben Verantwortung übernimmt und dafür auch Eigeninitiative entwickelt.	☐	☐	☐
Ich unterstütze nachdrücklich, wenn mein Kind nach Erfolgserlebnissen (z. B. bei einem Musikkonzert) weitermachen möchte (z. B. weiter zu den Proben zu gehen).	☐	☐	☐
Wenn mein Kind in schwierigen Situationen aufgeben möchte, frage ich gezielt nach den Möglichkeiten und Alternativen, es trotzdem zu schaffen.	☐	☐	☐
Wenn mein Kind mich kritisiert, höre ich aufmerksam und geduldig zu und entscheide danach bewusst, wie ich das Feedback berücksichtigen kann.	☐	☐	☐
Ich äußere mich nicht skeptisch, wenn mein Kind sich anspruchsvolle Ziele setzt.	☐	☐	☐
Ich achte darauf, meinem Kind genügend Freizeit zu lassen, in der es selbst entscheiden kann, was es tun möchte.	☐	☐	☐
Gesamtpunkte (Summen)			

Auswertung: Je öfter Sie „ja" angekreuzt haben, desto näher sind Sie an einem resilienzfördernden Erziehungsstil. Prüfen Sie alle Punkte mit „nein" und „teilweise" und überlegen Sie, wie Sie diese Verhaltensweisen stärker in Ihren Alltag integrieren könnten.

Mindset-Theorie:
Resilienzfördernder Erziehungsansatz

Ein resilienzfördernder Erziehungsansatz kann aus der Mindset-Theorie der Motivationspsychologin Carol Dweck abgeleitet werden.

Fixed Mindset (festgelegt) vs. Growth Mindset (veränderbar)

Nach der Mindset-Theorie haben Menschen entweder ein Fixed Mindset oder ein Growth Mindset. Menschen mit einem Fixed Mindset gehen davon aus, dass ihre Intelligenz und ihre Persönlichkeitsmerkmale angeboren und unveränderlich sind. Sie können sich nicht vorstellen, dass ihr Erfolg von ihrer Anstrengung abhängt. Sie sind deshalb auch nur dann an Feedback interessiert, wenn es ihre Fähigkeiten unterstreicht. Solche Menschen vermeiden Herausforderungen, weil sie sich vor Misserfolgen fürchten. Sie geben schnell auf, wenn ihre Anstrengungen nicht sofort Erfolg zeigen. Menschen mit einen Growth Mindset sind hingegen davon überzeugt, dass ihr Gehirn wie ein Muskel ist und sie ihre Fähigkeiten durch Training verändern können. Sie leben in dem Bewusstsein, dass sie durch Fehler und Herausforderungen wachsen, und führen ihren Erfolg auf ihre Anstrengungen und nicht auf ihre Veranlagung zurück. Das führt dazu, dass Menschen mit einem Growth Mindset besser mit Scheitern umgehen und es als Lernchance sehen können.

Wie Sie ein Growth Mindset bei Kindern entwickeln

Eltern haben einen erheblichen Einfluss darauf, welches Mindset ihre Kinder entwickeln. Einfluss hat zum Beispiel, wie man Kinder lobt, wie man sie kritisiert, wie man sie herausfordert, wie man sie unterstützt und wie stark man sie beschützt. Stellen Sie sich vor, dass Sie Ihrem Kind das Schuhebinden beibringen möchten. Sie sagen zu ihm: „Das ist ganz einfach, ich zeige dir schnell, wie das geht." Für Ihr Kind kann das Schuhebinden aber eine große Herausforderung sein. Wenn Sie nun sagen, dass diese Aufgabe ganz einfach ist, und ihr Kind sie dann nicht lösen kann, wird es denken, dass etwas mit ihm nicht stimmt. Diese Schlussfolgerung führt dazu, dass das Selbstbewusstsein geschwächt wird. Besser ist es also, wenn Sie die Aufgabe als schwieriger bezeichnen. Wenn Ihr Kind die Aufgabe dann lösen kann, wird es stolz auf sich sein. Das ist nur ein Beispiel dafür, welchen Einfluss kleine Änderungen in der Kommunikation haben können. Weitere Tipps dazu, wie Sie bei Ihren Kindern die Entwicklung eines Growth Mindsets fördern können, finden Sie in der Tabelle auf der nächsten Seite.

Was Sie tun können, um ein resilienzförderndes Mindset bei Kindern zu entwickeln

	Loben	Kritisieren	Herausfordern	Unterstützen	Beschützen
Anwendung in der Erziehung	Kinder nicht für Intelligenz, sondern für ihre konkreten Fähigkeiten loben und vermitteln, dass diese trainierbar sind.	Kinder nicht für schlechte Leistungen kritisieren, sondern konstruktives Feedback und sinnvolle Ratschläge geben.	Aufgaben nicht als leicht bezeichnen, sondern sagen, dass sie anstrengend sein können.	Kinder nicht bei allem unterstützen, sondern sich bewusst zurücknehmen und bestimmte Dinge auf eigene Faust bewältigen lassen.	Kinder nicht ständig beaufsichtigen und von allen Risiken fernhalten, sondern auch Verantwortung an sie abgeben.
Implizite Botschaft	„Du hast es selbst in der Hand, wie schlau du bist!"	„Du kannst das besser und es ist nicht schlimm, wenn es dieses Mal noch nicht geklappt hat."	„Du musst dich anstrengen, um die Aufgabe zu bewältigen."	„Du kannst Herausforderungen und Probleme allein lösen."	„Du musst bei manchen Dingen aufpassen, dass du dich nicht verletzt – ich kann nicht immer auf dich aufpassen."
Reaktion der Kinder	Kinder, die für ihre Anstrengung gelobt werden, werden auch zukünftig hohe Anstrengungsbereitschaft aufbringen.	Kinder werden motiviert an sich zu arbeiten und verstehen, dass sie sich durch Übung verbessern können.	Kinder sind selbstbewusst und stolz, wenn eine Aufgabe gelöst wird. Wenn sie nicht gelöst wird, führen die Kinder es nicht auf mangelnde Fähigkeiten zurück, sondern darauf, dass die Aufgabe zu schwer sein könnte.	Kinder trauen sich immer mehr zu und akzeptieren, wenn einmal etwas schiefgeht.	Kinder erfahren, was Gefahr bedeutet, und lernen, Risiken selbst einzuschätzen. Sie lernen die eigenen Grenzen kennen und ziehen Konsequenzen aus möglichen Verletzungen.

Wie Sie die 4 Wege bei Kindern fördern

Für alle Faktoren gilt: Was immer Sie möchten, das Ihre Kinder tun – leben Sie es vor! Wenn Sie selbst ständig an sich zweifeln, jegliche Verantwortung von sich schieben oder scheinbar aus dem Nichts explodieren oder keinen Plan haben, wohin Sie in Ihrem Leben wollen, werden Ihre Erziehungsmaßnahmen ins Leere laufen. Es fängt immer bei Ihnen selbst an.

Weg 1: Akzeptieren	**Wie Sie den Faktor bei Ihren Kindern fördern**
Akzeptanz	- Regen Sie Ihre Kinder dazu an, sich selbst so zu akzeptieren, wie sie sind. Bestärken Sie sie darin, sich selbst zu lieben und sich mit ihren Stärken und Schwächen anzunehmen. - Lehren Sie Ihre Kinder, dass auch andere Kinder okay sind, so wie sie sind. Dass es immer einen Grund gibt, warum jemand so ist, wie er ist. Und dass es an uns ist, diese Kinder, die wir vielleicht manchmal nicht mögen, trotzdem zu akzeptieren. - Bringen Sie Ihren Kindern bei, dass nicht alles im Leben nach Plan läuft, sondern dass es manchmal auch darum geht, Dinge hinzunehmen, wie sie sind. Lösen Sie nicht alle Probleme für Ihre Kinder.
	Erzielter Effekt bei den Kindern: Kinder lernen, sich selbst so anzunehmen, wie sie sind. Sie lernen, die Chancen die sie bekommen, zu nutzen und Schwierigkeiten im Leben zu akzeptieren. Sie lernen außerdem, andere Menschen so stehen zu lassen, wie sie sind.

Weg 1: Akzeptieren	Wie Sie den Faktor bei Ihren Kindern fördern
Selbstwirksamkeitserwartung	▪ Nehmen Sie Ziele, die Ihre Kinder sich setzen, ernst und unterstützen Sie diese. Regen Sie auch an, dass Ihre Kinder sich herausfordernde Ziele setzen. ▪ Motivieren Sie Ihre Kinder dazu, weiterzumachen und an ihren Zielen festzuhalten, wenn sie sich etwas vorgenommen haben und vorschnell aufgeben möchten. ▪ Leben Sie selbst vor, dass Sie an sich selbst glauben. ▪ Unterstützen Sie Ihre Kinder dabei, zu lernen, wie sie selbst beurteilen, ob sie etwas gut gemacht haben. ▪ Achten Sie bei Misserfolgen darauf, dass Ihre Kinder nicht zu hart mit s ich selbst ins Gericht gehen („Ich kann das nicht"), sondern Handlungsoptionen erkennen („Vielleicht war ich nicht gut genug vorbereitet"). **Erzielter Effekt bei den Kindern:** Kinder lernen, an sich selbst und ihre Fähigkeiten zu glauben und dass sie viele Dinge aus eigener Kraft bewältigen können. Sie lernen, dass sie durch ihr Handeln etwas in der Welt bewirken können.
Verantwortung	▪ Zeigen Sie Ihren Kindern, dass es im Leben darauf ankommt, Verantwortung für Fehler zu übernehmen und dazu zu stehen. Das können Sie tun, indem Sie sich z. B. für Ihre eigenen Fehler bei Ihren Kindern entschuldigen. ▪ Ermutigen Sie Ihre Kinder dazu, Entscheidungen für und gegen etwas selbstständig zu treffen, auch wenn es anstrengend ist. ▪ Leben Sie vor, dass es sich lohnt, Verantwortung zu übernehmen. Zeigen Sie, dass Verantwortung auch heißt, selbstbestimmt zu handeln. Geben Sie Ihren Kindern ausreichend Möglichkeiten, für bestimmte Bereiche Verantwortung zu übernehmen, z. B. indem Sie sie für kleinere Aufgaben im Haushalt verantwortlich machen. Sorgen Sie durch Gespräche (nicht durch Strafen!) dafür, dass diese Aufgaben erledigt werden. **Erzielter Effekt bei den Kindern:** Kinder lernen, dass sie für ihr Handeln und Nichthandeln verantwortlich sind. Sie lernen im Kleinen, Verantwortung zu übernehmen.

Weg 2: Fühlen	Wie Sie den Faktor bei Ihren Kindern fördern
Positive Emotionen	▎Leben Sie Ihren Kindern vor, sich nicht wegen jeder Kleinigkeit emotional aus der Bahn werfen zu lassen. ▎Nehmen Sie die Gefühle Ihrer Kinder ernst und unterlassen Sie Sätze wie „Das ist kein Grund zum Weinen." Fragen Sie besser lösungsorientiert nach. ▎Beobachten Sie, in welchen Situationen Ihre Kinder besonders stark mit ihren Emotionen kämpfen. Sind es z. B. immer wieder ähnliche Anlässe, die in einem Wutanfall enden? Helfen Sie den Kindern in diesen Situationen, ihre Gefühle wieder ins Positive zu verwandeln. ▎Zeigen Sie Ihrem Kind, dass es im Leben nicht darum geht, sich von Ängsten und Sorgen beherrschen zu lassen, sondern diesen entgegenzutreten. ▎Helfen Sie Ihrem Kind dabei, dass es Gefühle wahrnehmen und interpretieren kann. Sprechen Sie mit ihm darüber, was bestimmte Situationen mit ihm machen, was es verursacht. Teilen auch Sie Ihre Gefühle mit. Den auch Sie sind nicht perfekt und haben mal Angst oder Sorgen. Ihr Kind soll verstehen: Das ist normal. Ich bin normal. Und ich kann lernen damit umzugehen. **Erzielter Effekt bei den Kindern:** Kinder lernen, dass sie ihre Gefühle beeinflussen können. Sie verstehen, dass es in Ordnung ist, sich über etwas zu ärgern oder wütend zu werden, und wissen, dass solche Gefühle nur vorübergehend sind.

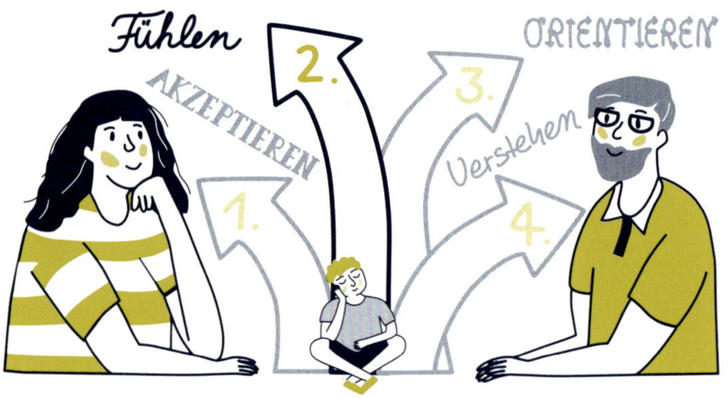

Weg 2: Fühlen	Wie Sie den Faktor bei Ihren Kindern fördern
Impulskontrolle	❙ Um dazu beizutragen, die Impulskontrolle Ihrer Kinder zu verbessern, sollten Sie nicht immer sofort auf das erste Schreien oder Quengeln reagieren. Wichtig ist aber auch, die Kinder nicht zu lange weinen zu lassen, sondern zu zeigen: „Ich bin da." ❙ Achten Sie auf Ihre eigenen Impulse. Schreien Sie z. B. Ihre Kinder nicht an, wenn sie etwas falsch gemacht haben. Verlieren Sie nicht die Nerven, weil wieder etwas heruntergefallen und kaputtgegangen ist. ❙ Bringen Sie Ihren Kindern bei, wie sie auf andere Art mit Emotionen umgehen können, als wütend etwas auf den Boden zu werfen. ❙ Doch es ist auch einmal in Ordnung, seiner Wut Luft zu machen. Dazu gehört auch, dass man mal etwas auf den Boden wirft. Wichtig ist, dass die Kinder verstehen, dass es andere Wege gibt, aber auch, dass jede Art von Dampf ablassen sozialverträglich erfolgen muss. D. h. dass nichts auf eine andere Person geworfen wird. ❙ Üben Sie mit ihren Kindern geduldig zu sein. Dadurch verbessern Sie die Impulskontrolle. Sie können das durch Kleinigkeiten im Alltag machen. Geben Sie z. B. nicht sofort alles, was das Kind möchte. Nehmen Sie sich selbst beim Essen zuerst. Begrüßen Sie zuerst den Partner, dann die Kinder. Es gibt viele Momente, wo Sie Geduld üben können. Am anstrengendsten ist das meistens für Sie selbst. ❙ Arbeiten Sie mit Ihrem Kind an der Frustrationstoleranz. Manche Eltern vermeiden jedes Nein, um keine Enttäuschung zu erzeugen. Frustrationstoleranz bedeutet jedoch, dass Kinder auch ein Misslingen oder eine Niederlage einstecken können, ohne sich oder andere zu verletzen (verbal oder körperlich). Denn auch später im Leben gibt es jede Menge Niederlagen, die ein Mensch einstecken muss. Impulskontrolle heißt, dass man die eigenen Bedürfnisse wahrnehmen kann, aber nicht sofort auf alles reagieren muss. Wichtig ist, dass Sie die Frustration wahrnehmen, sie nicht ignorieren.
	Erzielter Effekt bei den Kindern: Kinder lernen, an sich selbst und ihre Fähigkeiten zu glauben und dass sie viele Dinge aus eigener Kraft bewältigen können. Sie lernen, dass sie durch ihr Handeln etwas in der Welt bewirken können.

Weg 3: Orientieren	Wie Sie den Faktor bei Ihren Kindern fördern
Realistischer Optimismus	▌ Zeigen Sie sich positiv in Ihrer Erwartungshaltung („Wir finden bestimmt noch einen Platz im Schatten im Freibad") statt pessimistisch („Jetzt sind bestimmt schon alle Plätze weg"). ▌ Wenn Ihre Kinder eine Tendenz zum Pessimismus haben, fragen Sie nach der anderen Möglichkeit, wie eine Situation ausgehen könnte. Weisen Sie Ihre Kinder auf den positiven Ausgang hin. ▌ Lassen Sie Ihre Kinder Ereignisse in der Zukunft einschätzen, damit sie lernen, wie das geht. Formulieren Sie dabei immer positiv, z. B.: „Was denkst du, wie schnell wir es schaffen, dein Zimmer aufzuräumen?" ▌ Achten Sie auch darauf, dass Ihre Kinder nicht übertrieben optimistisch werden. Vor allem sehr extrovertierte Kinder tendieren dazu, sich zu viel vorzunehmen. Hier können Sie durch Nachfragen nachjustieren. Sagen Sie aber auf keinen Fall: „Das kannst du nicht schaffen." ▌ Fragen Sie Ihre Kinder offensiv nach der Zukunft. Wie stellen sie sich ihr Leben vor? Je älter die Kinder werden, desto entscheidender werden diese Fragen, da sie die Kinder zum Nachdenken anregen.
	Erzielter Effekt bei den Kindern: Kinder lernen, dass die Zukunft unterschiedliche Möglichkeiten umfasst, unter denen immer auch positive sind. Sie lernen, zu reflektieren, dass positive Erwartungen eintreffen und dass es deshalb sinnvoll ist, diese zu haben.

Weg 3: Orientieren	Wie Sie den Faktor bei Ihren Kindern fördern
 **Lösungsorientierung**	▌ Stehen Sie als Ansprechpartner zur Verfügung, wenn Ihre Kinder nicht wissen, was sie tun sollen. Überlegen Sie gemeinsam, welche Lösungsmöglichkeiten es für die Situation gibt. Geben Sie aber keine Lösung vor, sondern lassen Sie die Kinder selbst Vorschläge entwickeln. ▌ Geben Sie Ihren Kindern keine Lösungen vor, aber bringen Sie Ideen in Gespräche ein. Lassen Sie immer zuerst die Kinder mit Lösungsvorschlägen kommen, dann können Sie ergänzen. ▌ Helfen Sie Ihren Kindern, kreative Lösungen zu finden, indem Sie z. B. aufzeigen, dass es mehrere Wege zum Kindergarten gibt oder man ein Schiff auf verschiedene Art zeichnen kann. **Erzielter Effekt bei den Kindern:** Ihr Kind lernt, selbst in Lösungen zu denken, und versteht, dass es niemals nur eine Möglichkeit gibt, etwas zu tun, sondern immer mehrere.
 **Soziale Unterstützung**	▌ Fördern Sie soziale Kontakte Ihrer Kinder. Lassen Sie für Freundschaften genügend Raum. Wundern Sie sich nicht über wechselnde Freundschaften, das ist bei Kindern völlig normal. ▌ Unterstützen Sie Ihre Kinder durch Paten oder ältere Babysitter, die Ratgeber sein können. Es kann wichtig für die Kinder sein, außer Ihnen noch andere erwachsene Ansprechpartner zu haben. **Erzielter Effekt bei den Kindern:** Kinder erlernen die Fähigkeit, Kontakte aufzubauen und auch zu pflegen, und haben Ansprechpartner, an die sie sich wenden können, z. B. dann, wenn den Eltern etwas zustoßen sollte.

Weg 4: Verstehen	Wie Sie den Faktor bei Ihren Kindern fördern
Kausal-analyse	▪ Unterstützen Sie Ihre Kinder dabei, sich selbst zu reflektieren, um zu verstehen, wie bestimmte Schwierigkeiten zustande gekommen sind (z. B. ein Unfall mit dem Fahrrad, weil sich das Kind zu Ihnen umgedreht hat). ▪ Hinterfragen Sie gemeinsam mit Ihren Kindern bestimmte Probleme (z. B. ein Freund ist böse auf Ihr Kind, weil es ihn auf dem Spielplatz geschubst hat). ▪ Wenn Ihrem Kind immer wieder ähnliche Fehler passieren, erarbeiten Sie Lösungen mit ihm, indem Sie bei der Reflexion und dann auch bei der Lösungsfindung helfen. Besprechen Sie danach mit Ihrem Kind, wie es ihm gelungen ist, die Situation zu verbessern. So schließen Sie den Kreis und erhöhen die Fähigkeit der Selbstreflexion. ▪ Fördern Sie Ihr Kind mit seinen Stärken und Schwächen. Trauen Sie sich auch, diese zu benennen. Machen Sie klar, dass beides dazugehört, und dass es hier kein gut oder schlecht gibt. Albert Einstein sagt „Jeder ist ein Genie, aber wenn du einen Fisch danach beurteilst, ob er auf einen Baum klettern kann, wird er sein ganzes Leben lang denken, dass er dumm ist.". Achten Sie darauf, dass ihr Kind seine Stärken einsetzen und ausleben kann. Dass es sich selbst kennenlernt. Das ist die Basis für Kausalanalyse.
	Erzielter Effekt bei den Kindern: Kinder lernen, sich selbst zu hinterfragen und zu verstehen, wie Probleme zustande gekommen sind und wie sie in Zukunft verhindert werden können.

Weg 4: Verstehen	Wie Sie den Faktor bei Ihren Kindern fördern
Empathie	- Unterstützen Sie Ihre Kinder dabei, sich in andere Kinder einzufühlen und sich in deren Situation hineinzuversetzen. Sagen Sie z. B., wenn ein anderes Kind weint: „Oh, vielleicht ist es traurig, weil seine Mama krank ist." - Stehen Sie als Ansprechpartner zur Verfügung, wenn Ihre Kinder sich fragen, warum ein anderes Kind traurig oder wütend ist. Versuchen Sie, Ihre Kinder darin zu unterstützen, selbst mögliche Gründe zu ermitteln. - Sprechen Sie mit Ihren Kindern über Schimpfworte oder Äußerungen, die Ihre Kinder als beleidigend oder verletzend empfunden haben. Fragen Sie: „Wie könnte es denn noch gemeint gewesen sein?" - Teilen Sie Ihren Kindern mit, wie Sie selbst Ärger, Wut oder Traurigkeit empfinden. - Etwas ambitioniert, aber möglich: Gehen Sie auf Gefühle Ihrer Kinder ein und zeigen Sie durch Ihr Beispiel, wie man im Nachgang mit Gefühlen besser umgehen kann, z. B. indem Sie mit Ihren Kindern bis zehn zählen und gemeinsam entscheiden, danach das „Ärgern" zu beenden.
	Erzielter Effekt bei den Kindern: Kinder lernen, andere Menschen zu verstehen und sich in deren Gefühlswelt hinzuversetzen. Sie verstehen, dass das Verhalten und die Emotionen anderer auf Gründe zurückgeführt werden können und diese Gründe nachvollziehbar sein können. Indem Sie offen über Emotionen jeglicher Art sprechen, lernen Kinder, ihre Gefühlempfindungen differenzierter wahrzunehmen und zu benennen.

Was setzen Sie um? Entwickeln Sie Ihre persönliche Resilienz-Veränderungsstrategie

Aktion: Selbsttest – wie veränderungsbereit bin ich?

Im Allgemeinen halten wir uns für veränderungsbereiter, als wir es tatsächlich sind. Testen Sie deshalb mit den folgenden Selbstbeschreibungen Ihre Veränderungsbereitschaft.

- **Bewerten Sie die Aussagen.** Denken Sie über jede Aussage kurz nach und antworten Sie spontan. Setzen Sie für jede Aussage ein Kreuz entsprechend der Bewertungsskala.
- **Ermitteln Sie Ihren VQ (Veränderungsbereitschafts-Quotienten):** Zählen Sie die Punkte zusammen.

Mein Verhalten	**1** trifft gar nicht zu	**2**	**3**	**4**	**5** trifft voll und ganz zu
1. Ich bin bereit, mich zu verändern, wenn die Situation oder die Umstände es erfordern.	☐	☐	☐	☐	☐
2. Ich entscheide selbst, welche Veränderungen ich in meinem Leben wann und wie vornehme.	☐	☐	☐	☐	☐
3. Ich bin in der Lage, Situationen so zu beeinflussen, dass sie mich bei der Erreichung meiner Ziele unterstützen.	☐	☐	☐	☐	☐
4. Ich nehme notwendige Veränderungen rechtzeitig in Angriff, auch wenn sie mit Hindernissen verbunden sind.	☐	☐	☐	☐	☐
5. Ich berücksichtige bei meinem Handeln auch äußere Umstände.	☐	☐	☐	☐	☐
6. Ich entscheide mich schnell, mein Verhalten zu verändern, wenn ich davon überzeugt bin, dass es mich zum Erfolg bringt.	☐	☐	☐	☐	☐
7. Ich prüfe während Veränderungsprozessen immer wieder, ob ich mich noch auf dem Weg zum Ziel befinde.	☐	☐	☐	☐	☐
8. Ich gestalte meine berufliche und private Lebenssituation nach meinen eigenen Wüschen und Bedürfnissen.	☐	☐	☐	☐	☐
9. Ich bin bereit, Risiken einzugehen, wenn ich denke, dass es sich lohnt.	☐	☐	☐	☐	☐
10. Ich bin offen für Rückmeldungen anderer, die mir dabei helfen, mich weiterzuentwickeln.	☐	☐	☐	☐	☐
Zwischensummen:	__x1	__x2	__x3	__x4	__x5
Ihr persönlicher „1x1-VQ" – **Summe:**					

Werten Sie Ihr Ergebnis aus: Beträgt Ihr VQ …

☐ 10–20 Punkte: Sie sind bisher nicht bereit, sich zu verändern.

☐ 21–40 Punkte: Sie sind bis zu einem gewissen Grad bereit, sich zu verändern.

☐ 41–50 Punkte: Sie sind vollkommen bereit, sich zu verändern.

Veränderungsstrategie:
Fünf Schritte für mehr Resilienz

Um an Ihrer Resilienz zu arbeiten, sollten Sie schrittweise vorgehen. Dadurch vergrößern Sie die Wahrscheinlichkeit, Ihre Ressourcen gut zu nutzen.

Fünf Schritte einer Resilienz-Veränderungsstrategie

1. Schritt

Entscheiden Sie, an was Sie arbeiten wollen.

Festlegen, welchen Resilienz-Faktor Sie trainieren werden, und wie Sie das tun

2. Schritt

Legen Sie die Resilienz-Strategien fest

Resilienz-Strategien festlegen und im Alltag ausprobieren

3. Schritt

Erarbeiten Sie sich neue Gewohnheiten

Sich neues Verhalten antrainieren

4. Schritt

Überprüfen Sie Ihre Veränderungserfolge

Veränderungserfolge unter die Lupe nehmen

5. Schritt

Legen Sie weitere Resilienz-Strategien fest

Weitere Maßnahmen für Ihren Alltag festlegen

1. Schritt:
Entscheiden Sie, an was Sie arbeiten wollen

Wenn wir uns verändern wollen, tendieren wir dazu, den Fokus auf unsere Schwächen zu richten. Wir vergessen, dass wir nicht unbedingt unsere Schwächen ausmerzen müssen, sondern stattdessen auch unsere Stärken stärken können. Die Frage ist immer: Was steht uns am meisten im Weg? Wenn Sie sich Ihr Leben ansehen: Welcher der 4 Wege ist der, mit dem Sie am meisten hadern? Oder: Welcher der 4 Wege könnte Sie am meisten pushen, wenn Sie daran arbeiten würden?

Markieren Sie den Resilienz-Weg, an dem Sie arbeiten wollen:

Weg 1: **Akzeptieren**	☐	☐	**Weg 2:** **Fühlen**
Weg 4: **Verstehen**	☐	☐	**Weg 3:** **Orientieren**

Was soll sich durch Ihr Arbeiten an diesem Weg in Ihrem Leben verändern?
Was soll anders, mehr, weniger oder besser werden?

Mal angenommen, Sie hätten es geschafft, Ihre Kompetenzen auf diesem Resilienz-Weg zu steigern: Was genau wäre jetzt anders als früher?

Können Sie aus diesen Wünschen für sich ein Ziel formulieren?
Was wollen Sie bis wann ganz konkret schaffen

2. Schritt:
Legen Sie die Resilienz-Strategien fest

Nicht jede Resilienz-Strategie ist für jeden gleich gut geeignet und jeder bringt seine individuellen Ressourcen mit, die dabei helfen, Resilienz-Strategien zu trainieren. Blicken Sie noch einmal auf den Weg, den Sie bei Ihrer Resilienz trainieren wollen. Gehen Sie dann auf die entsprechende Seite in Kapitel 3 und lesen Sie noch einmal die zugehörigen Faktoren und Resilienz-Strategien durch. Entscheiden Sie sich für zwei Strategien, die Sie in den nächsten Wochen und Monaten im Alltag anwenden werden.

Hier finden Sie die Strategien:

Weg 1: Akzeptieren
Ab Seite 50

Weg 2: Fühlen
Ab Seite 68

Weg 4: Verstehen
Ab Seite 98

Weg 3: Orientieren
Ab Seite 80

Resilienz-Strategien, die Sie im Alltag anwenden werden:

Wie werden Sie das konkret machen? In welchen Situationen werden Sie die Strategien anwenden?

3. Schritt:
Erarbeiten Sie sich neue Gewohnheiten

Damit aus Ihrem Vorgaben Wirklichkeit wird, ist es entscheidend, dass Sie einerseits die Motivation aufbringen, Anstrengungen und Mühen auf sich zu nehmen, und andererseits dauerhaft Ihr eigenes Verhalten verändern. Der Schlüssel dazu ist, alte Gewohnheiten zu durchbrechen und neue Gewohnheiten zu etablieren.

Gewohnheiten lassen sich am besten trainieren, wenn Sie etwas jeden Tag machen, und zwar in kurzen Einheiten. Das ist Erfolg versprechender als lange Einheiten, die aber nur einmal im Jahr stattfinden. Stellen Sie es sich so vor: Sie putzen jeden Tag Ihre Zähne für drei Minuten. Der Effekt ist, dass Ihre Zähne bis ins hohe Alter hoffentlich in einem akzeptablen Zustand bleiben und Sie nicht schon mit 35 ein Gebiss brauchen. Hätten Sie sich hingegen noch nie im Leben die Zähne geputzt und würden sich nun vornehmen: „Ich putze mir jetzt jede Woche eine Stunde lang die Zähne", wäre dieses Vorhaben viel schwieriger umsetzbar als jeden Tag drei Minuten Zähneputzen – mal abgesehen davon, dass es auch weniger bringen würde. Was heißt das, auf die Resilienz übertragen?

Angenommen, Sie wollen am Weg „Orientieren" arbeiten, weil Sie bemerkt haben, dass Sie zu wenig soziale Unterstützung in Ihrem Umfeld haben. Dann ist es besser, Sie investieren jeden Tag 15 Minuten in Ihre Freundschaften, als einmal die Woche zwei Stunden. Die Erfolgsaussichten sind dann höher und vermutlich werden aus den 15 Minuten sowieso einmal pro Woche zwei Stunden werden, weil Sie mit einem Freund etwas trinken gehen.

Sehen Sie sich die Strategie an, die Sie für sich ausgewählt haben. **Was könnten Sie jeden Tag für 15 Minuten machen, das Ihnen dabei hilft, diese Strategie in Ihren Alltag zu integrieren? Und wann genau wollen Sie das machen?**

Was?	**Wann?**

4. Schritt:
Überprüfen Sie Ihre Veränderungserfolge

Woran bemerken Sie Ihre Veränderungserfolge?
Die Ziele Ihres Resilienz-Projekts helfen Ihnen dabei, Ihre Veränderungserfolge zu messen. Neben dem Erreichen Ihrer Ziele werden Sie auch in anderen (Lebens-) Bereichen Veränderungen spüren, wenn Sie Ihre Resilienz trainieren. Oftmals machen uns erst andere Menschen darauf aufmerksam, dass wir uns verändert haben. Es ist natürlich schön, wenn uns andere auf positive Veränderungen ansprechen, aber noch besser ist es, wenn wir sie auch selbst spüren. Oftmals vergessen wir in Veränderungsprozessen, innezuhalten und zu reflektieren, was sich schon alles verändert hat.

Prüfen Sie einmal wöchentlich, welche Veränderungserfolge Sie spüren
Es wird sich nicht alles von heute auf morgen verändern. Nehmen Sie sich die nächsten acht Wochen jede Woche zehn Minuten Zeit, um Ihre Veränderungserfolge zu prüfen. Das ist auch der Moment, in dem Sie stolz auf sich sein dürfen. Acht Wochen deshalb, weil es ungefähr so lange dauert, bis eine Veränderung zur neuen Gewohnheit wird.

Notieren Sie in den nächsten Wochen Ihre Veränderungserfolge:

Veränderungserfolge nach **Woche 1**:

Veränderungserfolge nach **Woche 2**:

Veränderungserfolge nach **Woche 3**:

Veränderungserfolge nach **Woche 4**:

Veränderungserfolge nach **Woche 5**:

Veränderungserfolge nach **Woche 6**:

Veränderungserfolge nach **Woche 7**:

Veränderungserfolge nach **Woche 8**:

5. Schritt:
Legen Sie weitere Resilienz-Strategien fest

Vermutlich ist Ihnen nicht nur bei einem Weg die Idee gekommen, dass Sie hier an etwas arbeiten können. Es ist aber leichter, erst einmal mit einer Sache anzufangen und diese in den Alltag zu integrieren. Wenn Sie also nach acht Wochen merken, dass Ihr Projekt erfolgreich ist, können Sie mit dem nächsten Thema weitermachen. Wenn Sie pro Quartal an einem Thema arbeiten, können Sie so im Jahr vier neue Verhaltensweisen dauerhaft einüben, ohne dass Sie sich selbst überfordern. Da das Wissen jetzt gerade frisch ist, notieren Sie sich direkt, an was Sie arbeiten, wenn Sie mit Ihrem ersten Ziel durch sind:

Weitere Resilienz-Strategien, die Sie im Alltag anwenden wollen:

Einige persönliche Worte zum Schluss

Liebe Leserin, lieber Leser,

Sie haben es geschafft! Herzlichen Glückwunsch, Sie haben die 4 Wege zu mehr Resilienz bis zum Ende durchgearbeitet. Sie haben sich auf vielen Seiten mit Ihrer Resilienz beschäftigt. Sie haben sich als Person reflektiert, überlegt, was Sie verändern wollen, und vielleicht sogar schon die ersten Schritte umgesetzt. Letzteres wünschen wir Ihnen von Herzen, denn all das Wissen ist nur bedingt etwas wert, wenn es nicht gelingt, ins Handeln zu kommen.

Das kann für jeden etwas anderes bedeuten. Beim Thema Resilienz gibt es kein Richtig oder Falsch. Es gibt kein Gut oder Schlecht. Die Frage ist immer: Was kann ein Mehr an Resilienz in Ihrem Leben bewirken? Was wollen Sie bei sich verändern? Was haben Sie für sich erkannt?

Für mich sind innere Stärke und Widerstandskraft ein entscheidendes Fundament im Leben. Ich hatte das Glück, so aufzuwachsen, dass meine Resilienz von klein auf gefördert wurde. Ich wurde herausgefordert, habe gelernt, an mich und meine Stärken zu glauben. Ich hatte Möglichkeiten, soziale Unterstützung außerhalb der Familie zu finden, weil meine Eltern viel Kontakt zu anderen Familien und zu verschiedenen Menschen ermöglicht und gepflegt haben. Ich habe früh gelernt, Probleme selbst zu lösen und auch zu reflektieren, was anders ist. Ich habe gelernt, eine Meinung zu entwickeln, die nicht der meiner Eltern entsprechen musste – und auch dafür einzutreten. Als ich vor vielen Jahren zum ersten Mal von Resilienz gehört habe, erschien es mir wie ein abstraktes Konzept, mit dem ich nur bedingt etwas anfangen konnte. Ich habe es in die Stress-Ecke gestellt und mich nicht weiter damit beschäftigt. Erst vor einigen Jahren habe ich durch einen Zufall angefangen, mich intensiv in das Thema einzuarbeiten. Durch einen Druckfehler eines Veranstalters stand auf Hunderttausenden von Flyern mein Name bei einem Resilienzvortrag (und nicht wie von mir geplant bei einem Vortrag über Persönlichkeit). Ich musste nun entscheiden: Was tun? Entweder mich mit Resilienz beschäftigen oder die Zuschauer enttäuschen. Und so kam ich zum Thema Resilienz.

Als ich anfing, mich intensiver damit zu befassen, wurde mir bewusst, dass vieles, was ich in meinem Leben mache, wie ich Menschen führe, Freundschaften pflege und auch mein Leben lebe, sehr resilient ist. Ich bekam nach und nach das Gefühl, dass ich Menschen dabei helfen kann, ihre Resilienz im Leben zu steigern. So wurden aus einem Unfall-Vortrag Dutzende geplante. Und da ich fundiertes Wissen weitergeben wollte, haben wir bei persolog das Thema von Grund auf untersucht. So entstand dieses Buch. Inzwischen bin ich von Resilienz derart begeistert, dass ich dem Veranstalter sehr dankbar bin für diesen Druckfehler im Programm. Ich bin davon überzeugt, dass eine hohe Resilienz es uns ermöglicht, im Leben alles zu schaffen. Dadurch werden Ängste, jemanden oder etwas zu verlieren, zur Nebensache. Denn auch wenn unschöne Dinge passieren – und das werden sie –, es geht immer weiter. Und, wie eingangs beschrieben, Resilienz bedeutet nicht, dass ich nie falle. Sondern dass ich weiß, wie ich wieder aufstehe und weitermache. Das wünsche ich Ihnen von Herzen."

Resilienz basiert nicht auf einer Illusion wie „Alles ist machbar" oder „In zehn Schritten zum Erfolg". Vielmehr lautet die Botschaft: Nutzen Sie Ihre Potenziale und entwickeln Sie sie weiter. So finden Sie Ihren Weg zu mehr innere Stärke und psychischer Widerstandsfähigkeit. Wenn Sie jetzt anfangen, voller Motivation und Energie … doch plötzlich lassen diese nach, denn alles scheint gegen Sie zu laufen, dann denken Sie an diese weisen Worte von Henry Ford:

„Wenn alles gegen dich zu laufen scheint, dann erinnere dich,
dass ein Flugzeug nicht mit dem Wind, sondern gegen den Wind abhebt."

Manchmal vergessen wir das im Alltag. Unsere Vorhaben werden „verschluckt" von irgendwas anderem. Am Ende liegt es immer an Ihnen, was Sie aus dem machen, was Ihnen gegeben ist. Ich will damit keinesfalls sagen, dass Sie sich dem Selbstoptimierungswahn unterwerfen und bei allem, was die Welt als scheinbar notwendig ansieht, mitgehen sollten. Es geht mir vielmehr darum, dass Sie das tun, was Sie wirklich tun wollen.

Wenn Sie merken, dass es Ihnen guttun würde, mit Ihrer Vergangenheit abzuschließen, weil Sie ständig damit hadern, arbeiten Sie an Weg 1 – für sich. Wenn Sie merken, dass Sie immer wieder andere verletzen und das nachher bereuen, sodass es beiden Parteien schlechtgeht, dann arbeiten Sie an Weg 2 – für sich. Wenn Sie merken, dass Sie Ihre Freundschaften vernachlässigt haben und eigentlich nur noch Ihren Partner haben, arbeiten Sie an Weg 3 – für sich. Und wenn Sie merken, dass Ihnen immer wieder dieselben Fehler passieren, dann arbeiten Sie an Weg 4 – für sich. Wenn Sie es nicht für sich tun, lassen Sie es lieber sein. Dann ist vielleicht nicht der richtige Moment, weiterzumachen. Wenn Ihnen Ihre innere Stimme jedoch sagt, dass Sie es für sich tun, dann arbeiten Sie an sich. Ganz in Ihrem Tempo. So schnell oder langsam Sie mögen.

Finden Sie Ihren ganz eigenen Resilienz-Stil. Das wünsche ich Ihnen und dabei wünsche ich Ihnen viel Erfolg.

Debora Karsch

Literaturverzeichnis & Tipps zum Weiterlesen

Bass, B. M.; Bass, R. (2008): The Bass Handbook of Leadership. *4. ed. completely rev. and updated. New York: Free Press.*

Bengel, J.; Lyssenko, L. (2012): *Resilienz und psychologische Schutzfaktoren im Erwachsenenalter – Stand der Forschung zu psychologischen Schutzfaktoren von Gesundheit im Erwachsenenalter.* Forschung und Praxis der Gesundheitsförderung, Band 43. Köln: Bundeszentrale für gesundheitliche Aufklärung (BZgA).

Covey, S. (2018): *Die 7 Wege zur Effektivität.* 56. Auflage. Offenbach: Gabal.

Drath, K. (2016): *Resilienz in der Unternehmensführung. Was Manager und ihre Teams stark macht.* 2. Auflage. Freiburg: Haufe.

Dweck, S. (2017): *Mindset.* London: Robinson.

Fröhlich-Gildhoff, K.; Rönnau-Böse, M. (2014): *Resilienz.* 3. Auflage. München: Ernst Reinhardt.

Gruhl, M. (2012): *Die Strategie der Stehauf-Menschen. Krisen meistern mit Resilienz.* Freiburg: Kreuz Verlag.

Heller, J. (2013). *Resilienz: 7 Schlüssel für mehr innere Stärke.* 9. Auflage. München: GRÄFE UND UNZER Verlag GmbH.

Hildenbrand, B. (2012): *Resilienz, Krise und Krisenbewältigung.* In R. Welter-Enderlin, B. Hildenbrand (Hrsg.): Resilienz – Gedeihen trotz widriger Umstände. 4. Auflage. Heidelberg: Auer, S. 205–229.

Hollnagel, E. (2010): *How Resilient Is Your Organisation?* An Introduction to the Resilience Analysis Grid (RAG).

Leipold, B. (2015): *Resilienz im Erwachsenenalter.* München: Ernst Reinhardt.

Lieb, K.; Kunzler, A. M. (2018): *Resilienz.* Nervenarzt, 89, S. 745–746.

Lösel F., Bliesener T., Köferl P. (1990): *Psychische Gesundheit trotz Risikobelastung in der Kindheit: Untersuchungen zur „Invulnerabilität".* In: Seiffge-Krenke I. (Hrsg.): Krankheitsverarbeitung bei Kindern und Jugendlichen. Jahrbuch der medizinischen Psychologie, 4,103–123.Berlin, Heidelberg: Springer.

Marschall, J.; Hildebrandt, S.; Zich, K.; Tisch, T.; Sörensen, J.; Nolting, H.-D. (IGES Institut GmbH, Hrsg.) (2018): *DAK Gesundheitsreport 2018.* Abgerufen am 31.03.19 von https://www.dak.de/dak/download/gesundheits-report-2018-1970840.pdf.

Meneghel, I.; Salanova, M.; Martínez, I. M. (2016): *Feeling good makes us stronger: How team resilience mediates the effect of positive emotions on team performance.* Journal of Happiness Studies, 17, 239–255.

Mourlane, D. (2012): *Resilienz. Die unentdeckte Kraft der wirklich Erfolgreichen.* Göttingen: BusinessVillage GmbH.

Shazer, S.; Dolan, Y. (2018): *Mehr als ein Wunder.* 6. Auflage. Heidelberg: Carl-Auer Verlag GmbH.

Sommer, D.; Kuhn, D.; Milletat, A.; Blaschka, A.; Redetzky, C. (2014): *Resilienz am Arbeitsplatz.* Frankfurt am Main: Mabuse-Verlag.

Soucek, R.; Ziegler, M.; Schlett, C.; Pauls, N. (2016): *Resilienz im Arbeitsleben – Eine inhaltliche Differenzierung auf den Ebenen von Individuen, Teams und Organisationen.* Gruppe. Interaktion. Organisation. Zeitschrift für Angewandte Organisationspsychologie, 47, S. 131–137.

Storch, M. (2007): *Embodiment.* Bern: Huber.

Wellensiek, S. K. (2017): *Handbuch Resilienztraining. Widerstandskraft und Flexibilität für Unternehmen und Mitarbeiter.* 2. aktualisierte Auflage. Weinheim: Beltz.

Wellensiek, S. K. (2017): *Resilienztraining für Führende.* 2. Auflage. Weinheim: Beltz.

Werner, E. E. (1989): *Sozialisation: die Kinder von Kauai.* Spektrum der Wissenschaft, 6, S. 118–123.

Stichwortverzeichnis